La Fleur du Mal

Micheline Boudet

La Fleur du Mal

La véritable histoire de la Dame aux camélias

Albin Michel

22, rue Huyghens, 75014 Paris

ISBN 2-226-06339-0

À Zeineb

« *Qui donc devant l'amour ose parler d'enfer ?* »
Charles Baudelaire
Les Fleurs du mal

La fleur du pommier

« Ce breuvage normand que j'ai tant bu et qui vient d'une fleur blanche et rose. »

Jules Barbey d'Aurevilly

CELLE qui porta son élégance « avec autant d'aisance que si elle fut née dans la gaze et le velours » voit le jour à huit heures du soir, dans le village de Nonant en Basse-Normandie sur les bords de l'Orne, du latin Orna : la Parée.

Autre prédestination poétique, la même année meurt Lord Byron qui donna ses premiers éclats au romantisme, tandis que vient au monde Dumas fils qui en condamnera les excès et fera de la petite paysanne l'inoubliable mythe que l'on sait. Ce 15 janvier 1824, le mythe n'est encore qu'un bébé vagissant ; ses parents, indifférents à la postérité qui fera du camélia sa fleur emblématique, optent pour le prénom de Rose, ironie du sort pour la fragile créature que le parfum de cette fleur incommodera sa vie durant jusqu'à la faire chanceler.

Au prénom de Rose vient s'ajouter celui d'Alphoncine (*sic*), sans que nous puissions saisir si le C appuyé qui dissimule le S d'Alphonsine est une volonté des parents ou le résultat d'une maladresse du greffier.

Cinq jours plus tard l'acte de baptême remet les choses en place en même temps que l'orthographe :

« Le mardi 20 Janvier 1824 a été baptisée par moi, desservant sous-signé, Rose Alphonsine née le 15 du présent du légitime mariage de Marin Plessis, marchand, et de Marie Deshayes, son épouse.

Le parrain Pierre Saulnier, maréchal de cette paroisse ; la marraine Julie Françoise Deshayes, tante de l'enfant, de Courménil, soussignés. »

Alphonsine donc, qu'on n'appellera jamais Rose, a sans doute subi l'étrange baptême dit des « bouilleurs de cru », pratique normande consistant à frotter d'alcool le corps du nouveau-né depuis les pieds jusqu'à la tête.

Elle ignore, en poussant son premier cri, que son père est un assez mauvais sujet, colporteur de son état, et que sa mère, Marie Deshayes, est une belle brune de trente ans « à la démarche majestueuse » qui a désespéré, en se mariant, bien des gars du pays.

Il y a tant de Marie au pays d'Auge qu'on doit la plupart du temps les surnommer Marion, ou Mariette, ou encore Marianne, ce qui est le cas pour la femme de Marin Plessis.

L'arrivée d'Alphonsine, au sein du couple déjà nanti d'une fillette de deux ans, Delphine, ne sera pas accueillie avec enthousiasme par le père qui souhaitait ardemment un fils... Dans un foyer déjà désuni, la cadette des Plessis va grandir sans tendresse, goûtant tôt à la misère, n'entendant d'autre berceuse que les vociférations de son père et les pleurs de sa mère.

La région où elle traîne ses sabots, dès qu'elle peut s'échapper du logis, se découpe en hameaux et cantons, de Saint-Germain-de-Clairefeuille à Exmes (prononcer aime), du Merlerault à Gacé, de la Trouillère à Argentelles, en passant par les fameux haras du Pin, car nous sommes dans un pays d'élevage. Les chevaux rois y galopent et se nourrissent des grasses prairies normandes.

C'est la fin du règne de Louis XVIII, la Normandie commence à respirer... Les temps s'éloignent où sévissaient la lèpre, la peste, où les seigneurs se faisaient entre Français et Anglais des guerres de brigands, où les huguenots contre les ligueurs ravageaient le pays. On s'efforce d'oublier les affrontements entre bleus et chouans et les tortures infligées par les chauffeurs masqués du temps du Directoire et du Consulat. La chouannerie normande n'a pas eu, comme on sait, les dimensions vendéennes : une guérilla tout au plus, dont on ne tient guère à se souvenir.

Chacun a plus ou moins repris son rang. Les nobles, dans leurs châteaux à demi détruits, attendent leurs indemnités. Dans les cantons, le fermier en blouse bleue se défie du bourgeois qu'il soupçonne d'en vouloir à son bien. Il n'accorde de respect qu'au notaire et au curé. Il est retourné à la glèbe, s'abritant derrière les barrières irrégulières des haies, dont l'aspect donne encore aujourd'hui au paysage la naïveté des jouets d'enfants. Les toits de chaume commencent à disparaître au profit de l'ardoise, rempart plus efficace contre les fréquents incendies. On cultive le colza, le lin, et bien sûr les céréales dont le Normand fait la base de son alimentation : bouillie d'avoine, galette de seigle ou de sarrasin ; on y ajoute un morceau de lard les jours où le marché a été fructueux. Heureusement il y a la goutte. Les pommiers de la vallée d'Auge donnent le meilleur cidre du pays. L'eau-de-vie, si mal nommée, alimente les derniers navires négriers qui, clandestinement, se dirigent du Havre et de Honfleur vers les côtes d'Afrique.

La région est belle, parcourue d'eaux vives, vallonnée à perte de vue, d'un vert si cru au printemps qu'il est parfois insoutenable. Quant au climat, on ne peut nier qu'il soit humide : il pleut environ un jour sur deux. Si on y gagne sur la verdure des prés, en revanche les charrières voient les carrioles s'embourber. « Jamais, depuis des siècles, déclare un noble de la région, jamais une voiture n'est entrée dans la cour du château, pour la simple raison qu'aucun chemin praticable ne saurait y mener. On ne connaît, à six lieues à la ronde, que des sentiers boueux, dont un homme à cheval ou à pied seul peut se tirer. Aucun courrier n'y passe ; un journal est une chose inconnue dans le pays... »

Barbey d'Aurevilly n'en chantera pas moins « la belle pluvieuse qui a des larmes froides sur ses belles joues fraîches » ; il admire, jusqu'à l'enivrement, quand le soleil les déchiquette, au moment des éclaircies, les nuages nacrés, vivants et tumultueux, toujours en mouvement, ce sont « les merveilleux nuages » chers à Baudelaire, ceux qui ont désespéré

Monet et inspiré Boudin, né comme Alphonsine en 1824.

Il faut attendre la dispersion des cumulus et la fin de l'averse pour mettre dehors son bonnet de coton. Ah ! ce bonnet de coton du Normand, un vrai symbole ! Il le protège, le jour, de l' « enfroidure », l'empêche de grésiller de froid la nuit, et dès l'aube, à l'heure de « faire la buvette », il s'en sert pour passer le café. Allier ainsi l'ingéniosité au sens de l'économie est bien dans le caractère du Normand, qui est comme chacun sait un « gaignant » avide de son profit.

L'histoire ne dit pas si Marin Plessis porte le fameux bonnet de coton quand il pousse dans les ornières sa charrette à bras, à l'aide de sa solide poigne, « main crochue qui prend et qui garde, main de la force, moitié serre d'aigle, moitié pince de crabe, mais dans laquelle coule la vertu de l'acier ». Belle définition, à ceci près que, de vertu, Marin, dit le « Sorcier », n'a guère que celle de son bagout, quand il extirpe du ballot de serge verte ses « bagatelles de la porte ». Que propose-t-il à la convoitise des dames, ce bel homme grand et brun dont les yeux perçants fascinent l'auditoire ? De la mercerie, des rubans, des aiguilles, mais aussi de la bimbeloterie, des fioles, des onguents et même, Sainte Vierge, de ces romans qui affadissent le cœur des femmes et leur pervertissent l'esprit. Il s'adresse à elles, usant de son charme et de sa voix chaude de bonimenteur : il connaît tant de contes à propos de pays fantastiques où il n'a jamais mis les pieds, se vante avec une telle faconde des conquêtes qu'il n'a pas eues, que ces dames bouche bée en oublient de respirer. Il détaille à n'en pas finir les histoires terribles qu'on se répète à la veillée en buvant du cidre et mangeant des châtaignes... Ce ne sont que sorts jetés, sarabandes de fantômes et de gnomes, de démons, de fées, de sorcières et de dames blanches ; sans oublier les « goubelins », petits êtres rusés apparentés aux lutins, généralement plus portés au mal qu'au bien. L'enfance d'Alphonsine sera fortement marquée par ces contes fantastiques.

Le marchand ambulant en rajoute dans le terrifiant, et fait trembler de peur les paysannes médusées. Elles ne perdent pas un mot des recettes fameuses qu'il leur livre en baissant le ton comme pour un secret. Il assure que le bouillon d'ortie et le jus d'oignon font repousser les cheveux ; qu'on peut combattre l'épilepsie à l'aide de poudre de crapauds séchés dans la cheminée ; que les toiles d'araignées sont souveraines contre l'hémorragie, et qu'en avalant le fameux « flip », cidre brûlant très sucré, rougi au fer, mêlé d'eau-de-vie assaisonnée de poivre et de clous de girofle, on vient à bout des pires coryzas.

L'attirance pour ce breuvage que Barbey appelle « la maîtresse rousse » est congénitale. La mère du colporteur en avalait, dit-on, plus que de raison ; car si le père d'Alphonsine n'est pas recommandable, sa grand-mère l'est moins encore.

On nous la présente, mi-prostituée, mi-mendiante, tenant à la fois de la Chouette d'Eugène Sue et de la Gervaise de Zola. Son vrai nom est Louise Renée Plessis, mais on la surnomme la guenuche ou la guenuchetonne.

Depuis un siècle et demi, on a supposé et reporté,

de chroniques en biographies, l'étymologie de ce surnom comme étant dérivé de guenipe ou guenille. En réalité il s'agit d'une tout autre origine ; en Lorraine on disait gueniche, ici on dit guenuche, qui signifie guenon dans les deux cas.

La guenuchetonne serait donc une petite guenon, animal dont la lubricité bien connue pourrait s'appliquer à la malheureuse qui se vendait au plus offrant sur le bord des fossés, courant de muchepot en muchepot[1] pour aller ensuite à l'auberge boire jusqu'à plus soif le produit de son commerce.

Et pourtant, guenille, guenipe ou guenon, un jeune benêt tombera dans les filets de ce déchet de l'humanité ; il s'agit de Louis Marin Descours, ordonné prêtre au mois de décembre 1788. Les registres de l'évêché ne donnent pas, du nouvel ordonné âgé de trente ans, une appréciation bien élogieuse : « Plutôt moyen, de caractère assez bon, de piété suffisante » ; il n'est pas autorisé à servir la messe, « sauf à Noël si on en est content ailleurs ». Après un poste de vicaire à Putanges, il va peu à peu se laisser entraîner par le courant...

En juin 1791, il est élu curé constitutionnel. Entre-temps, il est devenu l'amant de la guenuchetonne, qui met au monde un fils déclaré de père inconnu, mais à peine caché, puisqu'il reçoit le prénom du mauvais prêtre : Marin.

Ses parents, qui jouissaient dans la commune de Lougé d'une excellente réputation, se seraient dépêchés de pousser leur fils dans la carrière ecclésias-

1. Taillis, buisson.

tique afin qu'il se détournât définitivement de sa mauvaise fréquentation...

Il reste que Marin, Plessis du nom de sa mère, est né en 1790. On le baptise le jour même de sa naissance car, toute « traficante » d'amour qu'elle est, sa mère respecte la religion.

Quant à son père, il va poursuivre un sacerdoce assez médiocre. En 1806, à quarante-sept ans, il est atteint de cataracte, on lui refuse un poste pour cette raison, bien que le registre de l'époque le donne comme « sincèrement repentant, pieux, zélé au-dessus de ses forces ». Sur un autre document non daté ayant pour titre : « Prêtres disponibles et non employés » on peut relever : « Doyenné de Briouze : Descours, vicaire à Lougé : à laisser où il est. » On l'y laissa, il y mourut en 1815.

De la guenuchetonne à Marin « le Sorcier », en passant par le mauvais prêtre, on ne peut pas dire que la Dame aux camélias soit protégée par des aïeux juchés au sommet de l'échelle sociale. Par bonheur sa mère, Marie Louise Michelle Deshayes, met en balance ces manants inquiétants par une généalogie nettement plus relevée, bien qu'elle s'entache de deux mésalliances.

Les Du Mesnil, seigneurs du Mesnil et d'Argentelles, portaient « d'argent à trois coqs de gueule ». Cette famille d'éleveurs, prospère au XVIe siècle, fut au XVIIIe en pleine décadence : « Les propriétés s'étaient envolées les unes après les autres à tous les vents du gaspillage et de la mauvaise fortune. » Dans son logis, vrai château de la misère, Anne Du Mesnil vivait avec son frère Pierre. « Belle de cette beauté des

Normandes qui consiste comme celle de Charlotte Corday dans la régularité des traits et dans la majesté de la démarche », elle ne trouvait pourtant aucun gentilhomme dans le pays pour se charger de la détresse de sa maison.

Elle se laissa donc guider par l'amour, et s'y livra, à vingt ans, dans les bras de son domestique Étienne Deshayes. Ces amours portèrent leurs fruits, les amants se décidèrent au mariage quatre mois seulement avant la naissance du premier enfant, Michel ; cinq autres suivirent : les époux Deshayes tenaient des Du Mesnil leur goût de la bonne chère et de l'amour.

Parmi les six enfants nous ne suivrons que Louis Deshayes, grand-père maternel de la Dame aux camélias, époux de Marie-Madeleine Marre, paysanne jolie et peu farouche, protégée par un châtelain voisin dont nous ignorons tout. Louis Deshayes entrait à son tour dans la domesticité complaisante.

Il eut de Marie-Madeleine deux filles, Julie, puis Marie Louise Michelle, idéalement belle ; elle ressemblait, disait-on, à la Vierge de l'église de Saint-Germain-de-Clairefeuille pour laquelle sa noble aïeule avait servi de modèle. Louis était courageux ; il devint propriétaire, ayant su faire fructifier des biens dus en partie à la protection du châtelain.

Marie Louise Deshayes, appelée Marianne par les siens, semblait donc destinée à une vie douce. Mais sa mère, dont la fidélité n'était décidément pas l'apanage, quitta son foyer et mourut peu de temps après. Marianne remplaça dans les tâches domestiques la mère absente et jusqu'à vingt-six ans ne songeait guère à se marier quand la fatalité, toujours au rendez-vous de cette étrange famille, mit sur sa route Marin Plessis, le colporteur, « providence fourchue avec laquelle il ne fallait pas avoir maille à partir ». Le père de Marianne, sa sœur Julie, ses amis tentent de la détourner du dangereux personnage ; ne peut-elle faire appel à sa raison, à ses racines, à sa finesse pour écarter ce hâbleur, ce jeteur de sorts, ce fils de rien ?

Mais l'amour balaie la raison. En dépit de tous, le 1er mars 1821, Mlle Deshayes prend pour époux Marin Plessis, âgé de trente et un ans, « bas estamier[1] », dit le registre de la mairie de Courménil.

Tout comme son aïeule d'Argentelles, déclassée par amour, Marianne se mésallie. Elle va cruellement s'en repentir.

Les revenus du colporteur étant pratiquement inexistants, Louis Deshayes ne laisse sûrement pas sa fille dénuée de tout bien, puisque les jeunes mariés vont louer, à Nonant, une boutique de mercerie ; de « bas estamier », Marin devient « marchand ».

À une époque où il est courant de lire sur les registres d'état civil la mention : « déclare ne pas pouvoir signer », le paraphe ferme et bien lisible de Marin Plessis ne laisse pas que de surprendre. Le petit bâtard de l'abbé Descours a-t-il réellement été élevé dans le taudis de sa mère ainsi que le rapporte la chronique ? Dans ce cas il serait analphabète, et signerait d'une croix. À moins que les parents de Louis, le prêtre, n'aient pris en charge la modeste éducation de l'enfant. Autrefois dans les campagnes

1. Estamier : d'étamine, tissu léger.

normandes, dit Gérard de Contades, « on était plein de singulières indulgences pour ces bâtardises, et le fils d'un bourgeois ou d'un hobereau était ordinairement regardé par la famille comme un protégé obligatoire, dont on avait moins à rougir qu'à prendre soin ». Le père de l'abbé Descours, Louis Marin, ayant fait à son petit-fils illégitime la faveur de son prénom, lui octroya peut-être celle de l'orthographe.

Voici donc les Plessis installés à Nonant, dans la boutique qui leur tient lieu d'habitation. La maison est plantée à l'intersection des routes nationales de Rouen à Bordeaux et de Paris à Granville. On la détruira plus tard pour aménager le carrefour actuel et élargir la route.

Le ménage vacille sur ses bases... Delphine et Alphonsine, les deux enfants, vont bientôt se trouver prises dans les feux croisés des disputes et des mauvais traitements. Marin avait juré qu'il ne boirait plus : serment d'ivrogne ! Il rend sa femme malheureuse, lui-même erre comme une âme en peine. L'habitude d'aller bonimenter de village en village lui manque, comme à l'acteur manque son public. Forcé de rester à la mercerie, il s'en échappe dès qu'il le peut et va jusqu'à l'estaminet le plus proche faire honneur à la « maîtresse rousse », laissant Marianne entre Delphine qui pleure, Alphonsine qu'elle doit allaiter, et les clientes qui ne dissimulent pas leur mécontentement.

Au bout de trois ans l'échec est évident, l'amour a déserté la maison ; la mésentente des époux s'accroît de leur différence d'éducation et de caractère ; elle lui reproche l'abus de la boisson, lui, ses façons trop distinguées, le ton monte ; arrivent les insultes, puis les menaces : « Je vais te matrasser comme on ne t'a jamais matrassée ! » Il n'y a pratiquement plus d'accalmie chez les Plessis.

Une trêve s'établit pourtant les jours de foire, on met alors aux fillettes une « cöeffe » blanche et un tablier propre et on va à « la Saint-Matthieu », foire générale de Nonant qui attire un grand concours de peuple. Marianne donne la main à Delphine, Marin porte dans ses bras Alphonsine, qu'il préfère à l'aînée, bien qu'elle se soit substituée au fils tant espéré. Si le voisinage n'était au courant de leurs dissensions, ils formeraient un tableau charmant, ces quatre Bas-Normands, aux cheveux noirs hérités des Celto-Latins de l'ancienne Neustrie, présentant un violent contraste avec les blonds descendants des Vikings. Les blondes ont plus de succès que les brunes dit-on à l'époque : Marin Plessis porte sur les bras de quoi offrir un démenti au monde. Elles sont réussies les deux filles Plessis, mais il faut convenir que la cadette, déjà, surpasse sa sœur par des traits réguliers et un beau regard tantôt doux, tantôt vif ; ce ne sont pas les yeux d'eau pure de sa mère, ils sont de velours sombre, les yeux d'Alphonsine, ce sont les yeux du sorcier, les yeux qui captiveront les dandys, les artistes et les plus grands noms de France du règne de Louis-Philippe.

La famille Plessis parcourt le champ de foire où les marchands de pain, les fripiers, les charcutiers, les marchands de melons, les marchands de volailles présentent leur bric-à-brac et leurs denrées ; où les marchands de fromages étalent leurs mottes de beurre et les fameux camemberts du pays. Marianne achète peut-être au « rubanier » quelques accessoires pour sa boutique, tandis que Marin, la bouche sèche, lorgne du côté des tentes où sont installés les débitants de cidre. Le marché aux bestiaux effraie les enfants... On se dirige alors, pour les distraire, vers les chevaux de bronze qui tournent avec un bruit d'enfer, ou vers le montreur de marionnettes ; on admire au passage les charlatans, les somnambules extra-lucides et les mangeurs de feu. Toutes ces folies, ce monde bigarré, ces illusions foraines leur donnent le vertige. Un peu à l'écart, au bord de l'Orne, les Plessis vont s'asseoir ; Marianne sort de son panier une miche de pain, un camembert achetés sur le champ de foire et une galette de sarrasin, vrai festin comparé à la soupe à la graisse et à la bouillie d'avoine qui fait leur ordinaire. À la fin de la journée, Marin, qui a pu s'échapper, rentrera ivre et ce sera la fin de la trêve de « la Saint-Matthieu » pour la famille Plessis.

Dès qu'elle est en mesure de s'évader de la maison où grondent sans cesse les querelles familiales, Alphonsine va traîner dans les chemins creux ; elle cueille des baies, joue à saute-mouton avec les filles de son âge, chaparde des cerises chez les voisins, accroche aux ronces sa méchante robe, et, pour cela, reçoit en rentrant à la maison une taloche qu'elle supporte avec le stoïcisme des enfants traités à la dure.

Chaque soir, celui qu'on appelle le diable ou, en patois, le « guiâbe », pousse la porte du logis, le pas chancelant et la parole mauvaise. Les voisins vont à nouveau entendre les aboiements de l'homme, les cris d'épouvante des femmes, perdus dans un vacarme de vaisselle cassée. Une nuit, plus saoul que d'habitude, Marin Plessis est pris d'une crise de démence... Bien qu'on soit au mois d'août, il fait une flambée et traîne sa femme par les cheveux, menaçant « de la faire rôtir » dans la cheminée. Par bonheur, la providence veille... Elle arrive sous les traits d'Henri Aubert, des messageries de Rouen. Ayant vu d'anormales lueurs aux fenêtres et une épaisse fumée sortir de la cheminée, il arrête son cheval et saute de sa voiture. À peine a-t-il mis pied à terre qu'il entend les appels au secours de la mère et les hurlements terrifiés des fillettes. Courageusement, il bondit, assomme Plessis qui, tenant péniblement sur ses jambes, ne riposte pas, et pousse hors des flammes les trois victimes du forcené.

Pour échapper à la mort certaine que leur réserve le « guiâbe », elles se réfugient, toujours conduites par Aubert, chez Julie, la sœur de Marianne, épouse Mesnil. Il ne s'agit nullement des descendants des Mesnil d'Argentelles, mais d'une simple homonymie. Julie, tante et marraine d'Alphonsine, quoique ayant déjà deux enfants, accepte de se charger des fillettes, mais la maison n'est ni assez grande ni assez sûre pour abriter Marianne que son mari n'aurait aucun mal à découvrir. Elle trouve refuge à Saint-Germain-de-Clairefeuille chez des cousins, les Lanos. On la terre dans un couloir étroit qui sépare deux parties de la maison, en attendant de trouver un moyen plus sûr de la soustraire à la rage du colporteur.

Charles Du Hays, comme Romain Vienne, s'est intéressé de près au personnage de la Dame aux camélias et plus particulièrement à l'épisode relaté plus haut. En effet, sa mère, « la vertueuse Mme Du Hays », joua un rôle déterminant dans le destin de Marianne. Les Du Hays habitaient le château de Mesnil, hérité de la famille noble du Mesnil d'Argentelles.

Une petite mise au point permettra au lecteur de ne pas s'égarer, ainsi que nous avons failli le faire, en confondant la fréquente similitude des noms du pays, déformés de surcroît par le manque d'orthographe de l'époque. Mesnil, Dumesnil, Du Hays, Deshayes, Plessis, Duplessis sont autant de noms qui, s'ils se ressemblent, ne sont cependant pas la preuve d'une quelconque parenté entre ceux qui les portent. Ainsi les Du Hays, châtelains de Mesnil, n'ont rien à voir avec les Mesnil de la Trouillère qui ont recueilli les deux fillettes.

Quand on signale à Mme Du Hays la situation critique de la femme du « guiâbe », la châtelaine doit d'abord calmer les esprits de ses gens et des paysans alentour ; on ne colporte que grondements effrayants et commentaires apeurés. La servante du jeune Charles, parlant de Marianne, lui dit tout bas : « C'est la femme à Pluton, il veut la tuer, il la tuera ; il brûlera votre maison, il empoisonnera vos vaches. »

Marin Plessis fait les frais des délires fantasmagoriques chers aux Normands. On voit en lui la confirmation du surnom qu'on lui octroie depuis longtemps. C'est un vrai suppôt de Satan, se livrant au crépuscule à d'étranges incantations. Dans la journée on le fuit ; quand la nuit vient, on tremble, on cadenasse la maison et à la veillée, on fait des gorges chaudes du drame qui rompt la monotonie de la vie rurale.

Mme Du Hays fait fi de ces racontars, elle comprend néanmoins qu'il faut sauver Marianne. Elle a pour amie une Anglaise, Lady Henriette Anderson Yarborough, qui vient parfois au château et partage son temps entre Paris et les bords du lac Léman où elle séjourne généralement. Elle accepte Marianne Plessis comme femme de chambre à la condition formelle qu'elle laissera ses enfants à la Trouillère. C'est l'effondrement pour la mère, on la raisonne : elle risque sa vie en restant dans les parages ; là-bas elle sera nourrie, logée, bien traitée, elle pourra envoyer une partie de ses gages pour subvenir à l'éducation de ses filles, ce qu'elle fera régulièrement, et plus tard, la colère de son fou de mari apaisée, elle pourra revenir au pays ayant quelques écus en poche.

La mort dans l'âme, la victime se rend à ces arguments et accepte la place proposée par Lady Henriette.

On ignore si elle peut embrasser ses filles avant son départ ; si elle le fait, en tout cas, c'est pour la dernière fois, elle ne les reverra pas.

La suite de l'histoire ressemble à un roman épique tout droit sorti de la plume de Théophile Gautier...

Marianne doit se rendre à Paris, où l'attend sa future protectrice. Mais comment faire pour que son départ passe inaperçu ? En grand secret, on hisse la malheureuse sur une charrette et on la recouvre, au risque de l'étouffer, d'une bonne quantité de foin ; dans cet équipage elle gagne Laigle où, au petit matin, elle peut grimper dans la diligence qui l'emmène, à demi morte de peur, vers un nouveau destin.

À Paris, la fugitive se remet de sa fatigue et de ses émotions. Lady Anderson la traite avec bonté et cherche à la distraire bien plus qu'on ne fait d'ordinaire pour une domestique. Un certain dimanche, bien coiffée, bien habillée, elle l'emmène à la messe du roi... Dans la lettre de remerciement qu'elle adresse à Mme Du Hays, Lady Henriette écrit que Marie « parut si belle aux yeux du Roi qu'il ne cessa de la regarder tant que dura le sacrifice ».

Quelle surprise d'apprendre que la mère semble posséder le même pouvoir de séduction que sa fille ; qui sait si le destin, la laissant à Paris, n'eût pas donné à sa vie une orientation différente ?

N'importe ! Passer des yeux fous du sorcier au regard charmé de Charles X doit être pour l'ancienne mercière de Nonant un contraste assez radical...

Son nouveau confort apporte-t-il enfin la paix à la femme du « diable » ? Nous ne savons ce qu'il en est vraiment.

Après quelques jours parisiens, Lady Yarborough fait atteler et, fouette cocher, c'est la route pour la Suisse.

Marianne s'habitue-t-elle à cette nouvelle existence ? Déracinée, loin de sa terre natale et de ses enfants, elle vit dans une société dont elle ne fait partie qu'à titre de domestique : les amis de sa protectrice ne sauraient être les siens.

Privée de ses attaches, amputée de sa famille, elle donnerait sûrement tous les sommets enneigés de la

Suisse Romande pour un seul pommier de cette Normandie où elle a été si malheureuse...

Au bout de deux ans, Marianne Deshayes s'étiole et meurt loin des siens, sans un être cher pour lui fermer les yeux.

Alphonsine, à dix ans, est orpheline. Privée du plus chaud soutien de la vie, elle pousse comme elle peut.

En parcourant l'itinéraire tracé par les soins de Jean-Marie Choulet[1], on se surprend à rêver aux bords de la mare de la Trouillère. On peut imaginer les deux sœurs clapotant pieds nus dans l'eau, s'éclaboussant et jetant des cailloux pour faire des ronds. Alphonsine, dans un premier mouvement de coquetterie, y penche peut-être son visage, guettant sur l'eau redevenue calme le reflet de sa beauté naissante.

1. Conservateur du musée de Gacé.

La fleur des champs

> « *L'espoir luit comme un brin de paille dans l'étable.* »
>
> Paul Verlaine

Au pays d'Auge, en 1830, c'est à peine si l'on entend parler des Trois Glorieuses. On est fort tranquille à la campagne, écrit la duchesse de Maillé, « les paysans ne participent pas à l'effervescence générale. Il est vrai que les intérêts qui sont en jeu et les causes des troubles qui agitent les villes ne sont pas de nature à atteindre les cultivateurs ». Comment suivre, en effet, pour celui qui doit soigner le bétail et pousser la charrue, l'incroyable valse des pouvoirs commencée avec la chute de Napoléon ; se croyant libéré de la tyrannie monarchique avec la Révolution, le peuple français s'était livré sans retenue au pire des despotes ; une fois l'idole à terre, il se tourne à nouveau vers les Bourbons : Louis XVIII succède à Napoléon qui lui succède pour cent jours et auquel il succède à nouveau dans une déroutante alternance politique. Après la disparition du roi podagre, son frère, l'imprudent comte d'Artois devenu Charles X se voit dans l'obligation de céder le trône à Louis-Philippe, « roi sans couronne ».

On casse la branche aînée des Bourbons pour se raccrocher à la branche cadette, pourquoi, puisque la charte de l'un était la charte de l'autre ? « C'est monstrueux de bêtise politique, s'indignera Arsène Houssaye. Montaigne avait raison quand il affirmait : " Le français est le peuple le plus spirituel du monde mais il faut à toute heure lui désenseigner la sottise. "

Le 6 août, en Basse-Normandie, on est plus préoccupé du battage des blés que du destin bousculé de la France. Pourtant en fin d'après-midi il se fait au Merlerault une grande rumeur : on dit que le système monarchique a vécu. Charles X abandonnant le trône a quitté Dreux et part en exil avec la famille royale, quelques fidèles qui le suivent, et les gardes du corps. Ils vont par petites étapes et coucheront ce soir à Laigle... Partout sur leur passage la vue des voyageurs est offusquée par les drapeaux tricolores accrochés aux fenêtres. La duchesse d'Angoulême[1] croit revivre les moments du terrible martyre de ses parents... Elle frémit à la pensée que le fils du régicide Philippe-Égalité va prendre le pouvoir.

Le cortège du roi déchu quitte Laigle le 7 août par une chaleur accablante. Mille chevaux et de nombreuses voitures soulèvent la poussière de la route. Charles X ne veut pas se presser ; il garde encore l'illusion absurde que son cousin de la maison d'Orléans le rappellera. Quand il désire respirer, il sort de son carrosse et escorte à cheval la voiture du

1. Madame Royale, fille de Marie-Antoinette et de Louis XVI.

duc de Bordeaux, tandis que la duchesse d'Angoulême descend se dégourdir les jambes. À voir ainsi passer la fille de Marie-Antoinette, les cheveux à demi défaits, sa robe balayant la poussière, les Bas-Normands restent saisis.

À la fin d'une journée étouffante, le lent convoi arrive au Merlerault. Le roi et la duchesse, le duc d'Angoulême, la duchesse de Berry et Mme de Gontaut dorment dans la maison qui existe encore, au n° 12 de la Grande Rue, chez M. Laroque. Le souverain, le lendemain, n'aura qu'à la traverser pour se rendre à l'église et y entendre la messe. Le village n'est pas assez grand pour contenir toute la suite qui se contentera de dormir à la belle étoile... Les familles nobles qui accompagnent Charles X dans son exil se replient tant bien que mal dans les voitures pour la nuit.

Cette nuit du 7 au 8 août 1830 passée à Merlerault peut être considérée comme historique. Le baron Angot des Rotours nous assure que le soir venu, en cette paisible bourgade d'un gros pays d'élevage, le vieux roi déjà couché reçut un mystérieux visiteur.

C'était un attaché fort en vue de l'ambassade britannique, le colonel Caradoc, ou Cradock, qui avait couru la poste toute la journée et qui, en la quittant à un relais, avait fait deux heures de marche à travers la campagne. Il portait, cousu dans le collet de son habit, un petit billet que la veille, au Palais-Royal, le duc d'Orléans lui avait remis. Charles X y lut : « Croyez, Sire, tout ce que le colonel Caradoc vous dira de ma part. » Le colonel demanda que le petit-fils du roi lui fût confié pour être amené à Paris auprès du

Lieutenant Général qui s'engageait à faire proclamer ses droits. Louis-Philippe n'aurait été que régent. Cette solution qui, à la plupart des lecteurs d'aujourd'hui, paraît peu viable, mais qui fut alors envisagée avec une certaine ferveur par des esprits divers, n'aurait point, paraît-il, répugné trop vivement au vieux roi ; la duchesse de Berry, sa bru, s'y opposa fortement, disant qu'elle ne croirait jamais son enfant en sûreté quand il serait loin d'elle.

On peut se demander si Louis-Philippe fut bien mécontent lorsque son messager revint lui annoncer que l'on avait rejeté sa généreuse proposition. Sans désirer qu'elle fût divulguée, il dut se savoir gré à lui-même de l'avoir faite et se sentir la conscience plus tranquille pour accepter solennellement le lundi suivant le titre de roi des Français. N'avait-il pas dit au colonel avec une solennité que celui-ci souligne malicieusement : « Eh bien ! puisqu'il le faut je me dévoue. »

Autre page d'histoire, un peu plus souriante, celle-là : avant de quitter Saint-Cloud, Charles X, en compagnie de son vieil ami le duc de Maillé, avait vu arriver la duchesse de Berry dans un incroyable costume masculin, un large pantalon, une redingote verte à collet de velours, un feutre dissimulant ses cheveux et deux mignons pistolets à sa ceinture. Quand le roi s'étonna de cette mascarade : « C'est pour défendre mes enfants », dit-elle crânement. Une fois qu'elle se fut éloignée, le roi demanda à Maillé :

« Comment la trouvez-vous ?

— Abominable, Sire », répondit le duc avec franchise.

En ce matin du 8 août, au Merlerault, le roi n'est pas fâché de voir la frondeuse reprendre une apparence féminine.

La duchesse de Berry a sans doute souffert de la chaleur, la veille ; elle est ravie de profiter des trois grosses voitures arrivées à l'aube, contenant des vêtements légers pour Madame Royale. Celle-ci soupire : « Au moins j'aurai des chemises. »

Bien que les Normands aient reçu l'ordre de ne pas manifester sur le passage du « convoi funèbre », la curiosité l'emporte sur la discrétion ; si l'on ne crie pas « vive le roi » au Merlerault, on ne crie pas non plus « à bas les Bourbons », mais on reste sur le pas de sa porte pour voir passer le dernier roi de droit divin. Après une nuit diluvienne, le cortège repart. Parmi les familles nobles on peut voir les Gramont dont le plus jeune rejeton, Agénor, est menin du petit duc de Bordeaux.

Les deux adolescents âgés respectivement de dix et onze ans chevauchent respirant l'air rafraîchi de la matinée, devisant comme des enfants qu'ils sont sans souci de la gravité de l'heure. A Nonant, parmi les badauds une petite fille de six ans les regarde avec de grands yeux écarquillés. Elle peut écarquiller les yeux. Dans dix ans, le futur duc de Guiche tombera amoureux fou d'elle, la prendra pour maîtresse et, devenant son Pygmalion, en fera l'une des femmes les plus en vue de la capitale. Alphonsine est trop jeune pour se poser des questions à propos de la noblesse mais la nuit, dans sa tête, défilent les hauts personnages entrevus qui remplacent peut-être les loups-garous de ses songes familiers... Elle rêve d'un monde qu'aucune paysanne ne pourra jamais côtoyer, à ce qu'affirme Marin Plessis.

Tandis que Delphine est bientôt placée chez une blanchisseuse, la cadette continue à courir les chemins, mendiant parfois un morceau de pain ou de lard qu'on accorde aisément à son sourire déjà charmeur.

Après une visite rapide aux Lanos ou à Mme Du Hays, elle trotte de Saint-Germain à Nonant. Elle s'y lie d'amitié avec Romain Vienne dont le père est maître de la poste aux chevaux. Il montre à Alphonsine l'auberge qui sert de relais. La fillette voit entrer des équipages, voitures comprises, dans l'immense remise. Dans l'auberge s'installent de belles voyageuses, presque aussi belles que celles du cortège royal entrevu quatre années plus tôt. De quoi rêver cette nuit dans le modeste lit de la Trouillère à des velours et des soies, à des lingeries dont la quête insatiable tournera plus tard à l'obsession pour Alphonsine.

En attendant, elle aura au moins sa première robe blanche, celle de sa communion, prêtée par la « très bonne » Mme Du Hays.

C'est la sœur Marie-Aimée qui catéchise la fillette et lui enseigne aussi quelques rudiments d'orthographe ; l'école des filles est en effet sous la direction des sœurs de la Providence de Sées.

Alphonsine reçoit la sainte communion dans la belle église de Saint-Germain-de-Clairefeuille sous le regard de cette Vierge qui ressemble tant à sa mère. Elle vénère la Sainte Vierge à laquelle, malgré ou à cause de sa vie dissolue, elle aura souvent recours. Pourquoi non ? Les élans de piété ne sont pas rares chez une courtisane.

Marin Plessis qu'on appelle maintenant « le veuf », assiste-t-il à la cérémonie ? Trente ans plus tard, certains témoins de l'époque rapporteront qu'on le voyait passer quelquefois du côté des Orgeries, tenant par la main ses deux fillettes. Tableau idyllique, supposant un Marin Plessis rangé et assagi, tableau que la suite des événements va, hélas, démentir.

Marin recommence à tirer de village en village sa vieille carriole, et à proposer ses « bagatelles à la porte ». Malgré l'insistance de tante Julie, il ne peut reprendre Alphonsine. Que ferait-il sur les routes d'une gamine de douze ans alors qu'il continue à s'adonner aux plaisirs de la boisson autant qu'à ceux de la chair ?

On ne peut pourtant pas laisser l'enfant inactive... L'été arrive, Alphonsine va pouvoir aider aux travaux de la terre. Ainsi en ont décidé les Mesnil. Durant le temps des moissons, on engage dans les fermes journaliers et jeunesses. On abat le blé à la faucille ; bien rangés en ligne, on tranche les épis, les femmes, cassées en deux, arrivent derrière pour lier les « tréziaux ». Bientôt ce sera le battage à l'aide du fléau qui se lève et s'abat en cadence, faisant sortir le grain dans la poussière des épis éclatés. Alphonsine en vole quelques-uns, en glanant...

À la tombée du soir les gorges sont sèches, le cidre circule ; on en boit des « clarées ». Les filles peu farouches se laissent lutiner...

Alphonsine est élancée pour son âge, son corps est gracieux, ses yeux brillent, elle plaît aux garçons, elle veut imiter les grandes... Sans le savoir, elle imite cette guenuchetonne, sa grand-mère, qui se donnait à ciel ouvert dans les champs. C'est un ouvrier agricole de vingt ans, Marcel, qui prendra la première fleur du camélia. Départ malencontreux certes mais dont personne ne fait une affaire d'état. Pas plus Alphonsine que les autres, « incapable qu'elle est de distinguer le bien du mal ».

Se livrant à l'instinct naturel et précoce qu'entraîne le contact avec la nature, la fillette en sait déjà long sur le geste ancestral. Elle cache soigneusement la perte de sa vertu à sa tante Julie. Un certain désordre dans sa tenue éveille cependant l'inquiétude chez la brave femme. Surveiller ce lutin inconscient devient une vraie préoccupation. Quand le colporteur réapparaît, Julie le supplie à nouveau de prendre une décision.

On a beau nous certifier que le sorcier voit tout de suite, dans l'effronterie et les beaux yeux de sa fille, quel parti il pourrait en tirer, il convient d'être prudent sur cette légende, sans réel fondement puisqu'il la place tout d'abord chez une lingère, Agathe Boisard, où elle est engagée au modeste salaire de 10 francs par mois, qu'elle ne touchera jamais.

Il ne déplaît pas à la jeune apprentie de se trouver en contact avec les lingeries raffinées de la comtesse de Narbonne-Pelet dont le nom de jeune fille, Plessis-Chatillon, ressemble fort au sien. Et voilà l'incorrigible rêveuse évoquant un château de la région qui pourrait être sa propriété, le château de Plessis. Plus tard, ce n'est pas sans intention qu'Alphonsine tentera d'acquérir cette demeure afin d'y gagner un titre nobiliaire qui sera la vraie ambition de sa vie. Elle continue de rêver. Parfois, elle rencontre Delphine sur le marché. Les deux sœurs sont opposées de caractère ; leurs liens ne seront jamais forts.

Marin, apparemment, s'est calmé. Il n'y a plus de femmes au logis, donc plus d'éclats odieux ; il voit ses filles le dimanche, plus fréquemment la cadette que l'aînée ; il l'a toujours préférée, à moins que l'évaluation des charmes d'Alphonsine ne soit pas étrangère à son attachement, si l'on en croit les mauvaises langues.

Un jour, le père et la fille poussent jusqu'à Exmes leur promenade dominicale. Exmes, pour Alphonsine, c'est presque la ville, et non pas la campagne, dont la terre colle aux sabots quand on doit parcourir à pied chaque distance. Là demeurent des notables, des gens cossus qui vivent dans de belles pièces ornées de meubles sentant la cire ; vers midi monte des cuisines le fumet délicieux de quelque plat mijoté... C'est ce que lui conte Marin fort habilement. Elle a la tête tournée de ce qu'il lui fait entrevoir ; si elle pouvait un jour, elle aussi, posséder un beau jupon, un corsage frais, manger à sa faim...

Ce n'est pas impossible, assure le père, il lui suffira d'être un peu gentille... Il va la présenter à un « monsieur » qui pourra l'aider, s'il consent à s'intéresser à elle. Il s'agit d'un septuagénaire, un certain Plantier qui demeure rue du Four-Banal...

Il va si bien s'intéresser à Alphonsine qu'après avoir passé le dimanche auprès de lui, elle regagne la blanchisserie le lundi matin avec une belle pièce jaune en poche. C'est ainsi que la petite paysanne commence à monnayer sa « gentillesse ». Tancée par Agathe Boisard alors qu'elle est restée trois jours à

Exmes, elle montre l'argent gagné et « cyniquement », dit Romain Vienne, avoue sa relation avec le vieillard qu'il traite de débauché et de libidineux...

Notons au passage que l'ouvrage de Romain Vienne publié longtemps après la mort de sa « payse » a un ton provincial et moralisateur qui lui donne le beau rôle.

Quant aux noms des hommes tournant autour de la belle, à part celui de Guiche transparent sous le titre de Tiche, duc de Grandon, il est souvent difficile de les identifier. L'auteur a la franchise de prévenir « qu'il respecte d'honorables susceptibilités en usant de noms de fantaisie » ; il avoue par la même occasion qu'après quarante-cinq ans, la mémoire peut lui faire défaut.

Il faut se livrer à un véritable travail de débroussaillage pour tirer de cette faible littérature quelques éléments crédibles ; certains traits de caractère et certaines paroles de la courtisane ont cependant des accents de vérité non négligeables.

Romain Vienne a-t-il été amoureux d'Alphonsine ?

À l'en croire il tenta une rédemption de la pauvre fille, mais ne se priva pas de blâmer hautement sa vie et ses mœurs. Il a pu être un amant éconduit ; il y en eut non seulement en raison de leur manque de fortune mais parce que la « petite Plessis » pouvait s'offrir le luxe du choix.

Cependant la Nonantaise de quatorze printemps en est encore « à la virginité du vice ».

Ayant découvert que certaines soumissions se voient suivies d'effets plus rentables que le repassage des jupons, Alphonsine laisse chiffonner le sien pour porter à son père de quoi satisfaire sa soif de la « maîtresse rousse ». C'est le seul homme de sa vie auquel elle donnera de l'argent.

Chassée par une patronne épouvantée de son cynisme, Alphonsine finit par travailler chez Plantier de façon régulière. Elle fait son ménage, ses courses, — fermons les yeux sur le reste —, et brusquement un matin se précipite chez sa tante Julie à la Trouillère affolée par l'apparition du sang... À la campagne où les filles bavardent entre elles de « ces choses », peut-elle ignorer qu'elle est femme, « pauvre enfant malade douze fois impure » selon Alfred de Musset ? Ou plus simplement prend-elle ce prétexte pour échapper aux caresses du vieillard ?

Elle prouvera sa bonne volonté en travaillant, et la semaine suivante se présentera à nouveau à Exmes, mais cette fois à l'auberge des Denis, aux gages de 60 francs par mois pour laver la vaisselle, faire les chambres et servir à table des convives avinés. Elle s'y emploie courageusement et grâce à sa « jolie frimousse » recueille, de-ci de-là, quelques subsides supplémentaires.

Elle y reste un an. On ne sait pourquoi Marin décide ensuite de la faire entrer chez Frémin, marchand de parapluies à Gacé.

Le parapluie se vend bien en pays normand ; Alphonsine gagne sans doute mieux sa vie qu'à l'auberge des Denis. C'est dans cette boutique qu'elle fait la connaissance de Clémence Pratt ; elles ignorent qu'elles se retrouveront à Paris, deviendront voisines et amies. Clémence sera même « la pourvoyeuse » de la jeune courtisane, et Dumas en fera la fameuse Prudence de sa pièce.

Après deux mois de vente de parapluies, Marin, encore une fois, retire sa fille de chez Frémin et l'emmène chez lui... Les quinze jours qui suivent restent entourés d'un mystère scabreux.

Quand Romain Vienne tentera d'en savoir plus, Alphonsine refusera de parler, les larmes aux yeux, et le priera de cesser son interrogatoire. La seule certitude que nous ayons c'est que le sorcier emmène chez lui sa fille pendant deux semaines, dans une masure où il n'y a place que pour un seul lit.

Il n'y a pas eu violence... Il fait froid dans la cabane de Marin. Alphonsine dénoue ses beaux cheveux noirs, se serre contre son père, leurs chaleurs se confondent... Qui sait si après les assauts maladroits du valet de ferme et les caresses peu ragoûtantes de Plantier, Alphonsine, dans les bras du beau Pluton, ne se sent pas le cœur de Proserpine.

À la suite de cette descente aux enfers, les gens du pays ne se privent pas de gloser.

L'anathème sort de toutes les bouches. Les protagonistes du drame sont-ils pris de honte ?

C'est en tout cas vers cette date que se situe le départ pour Paris de « la fille subornée et du père indigne » ; titre idéal pour un mélodrame du temps.

On prétend dans les chaumières normandes que Marin a vendu sa fille à des bohémiens. En réalité, partis à pied, ils sont pris en charge par différentes voitures parmi lesquelles une roulotte, dont le train cahotant emprunte à revers l'itinéraire parcouru en 1830 par « le Convoi funèbre » de Charles X.

La bohémienne attendrie par Alphonsine tente de la distraire. La petite fille est gaie, tout événement même le plus insignifiant est sujet à rire à cet âge. De jeu en jeu la propriétaire de la roulotte en vient à saisir la main de l'enfant afin d'y lire son avenir... Elle prédit le succès, l'abondance, l'élégance, beaucoup de messieurs... et soudain s'arrête... elle vient de découvrir l'avenir fulgurant de la fillette tranché brutalement par la mort. Elle fait silence. Puis sort du fond de sa jupe un talisman destiné à adoucir le sort de sa passagère. C'est un lézard desséché qui, assure-t-elle, éloigne tout mauvais œil de celui qui le porte.

La Dame aux camélias en fera plus tard l'ornement central de ses armes héraldiques...

Quand, aux environs de Versailles, le Sorcier réveille Alphonsine pour lui signifier que la roulotte change de route et qu'il leur faut finir le trajet à pied, la fillette tristement dit adieu à la bohémienne et regarde s'éloigner la carriole.

Dans sa main, elle tient encore serré l'animal porte-bonheur qui l'accompagnera jusqu'à la mort.

La fleur de la jeunesse

« Sous les cotillons des grisettes
Peut loger autant de beauté
Que sous les jupes des coquettes. »
Jean de La Fontaine

Les atouts d'Alphonsine, en entrant à Paris, sont bien minces, si l'on excepte, sous la crasse du visage, la lumière du regard et le beau sourire, elle n'a que sa maigreur, son balluchon, ses sabots, une robe usée et un terrible accent qui nuit au charme de sa voix.

Ce patois, si souvent reproduit dans les comédies et qui, dans la bouche d'un paysan, a le pouvoir de faire rire au théâtre semble déplacé dans celle d'une créature délicate. Alphonsine tâte ses côtes et, ne se trouvant point assez « chairue », lance son juron favori : « Que le guiâbe me patafiole ! », ou encore, roulant les *r*, elle se plaint de n'avoir jamais connu « une si taribaudée de monde[1] ».

Avouons-le, ce langage peu châtié n'a guère de

1. Une si grande quantité de monde.

chances de séduire les adeptes de l'anglomanie chère aux *fashionables* qui font les réputations sous Louis-Philippe.

Pour convaincre sa fille de quitter la Normandie, Marin a dû retrouver son bagout de colporteur. Alphonsine dont l'imagination va parfois jusqu'à la mythomanie se laisse griser par les contes de son père.

Il n'a jamais mis les pieds à Paris mais qu'importe, il brode, il enjolive, il invente... La route interminable, grâce à ses fables, a paru moins pénible à l'adolescente qui arrive aux portes de la capitale, après plusieurs jours, fourbue mais la tête remplie de visions de carrosses dorés, de seigneurs, d'élégantes, et de monuments grandioses.

Quand ils franchissent la barrière de Passy, exténués, c'est à peine si Alphonsine distingue l'octroi dessiné par Ledoux. Les soldats laissent entrer sans peine ces deux miséreux, dont les sacs ne contiennent rien qui vaille quoi que ce soit. Au loin, de l'autre côté de la Seine, c'est la plaine informe de Grenelle. Ils longent les maisons basses. Trébuchant à chaque instant sur des pavés irréguliers, ils demandent leur chemin. Après l'Allée des Veuves, aujourd'hui avenue Montaigne, on leur fait descendre les Champs-Élysées. Si elle n'était pas si lasse, Alphonsine s'émerveillerait peut-être de tous ces bosquets, de ces guinguettes, et de l'Arc de Triomphe terminé depuis peu qui se dresse au loin ; mais elle ne s'est pas retournée. Arrivée à la Concorde, elle est prise à la gorge par l'odeur fétide qui monte des fossés remplis d'ordures.

Les deux palais Gabriel, les chevaux de Marly, les

chevaux de Coysevox encadrent une étendue fangeuse. Elle entrevoit la Madeleine qui n'est qu'un chantier. Puis le père et la fille s'engagent rue Saint-Honoré.

Sainte Vierge, quel vacarme ! Les landaus, berlines, victorias et tilburys roulent avec un bruit d'enfer, tirés par des chevaux qui avancent crinière contre crinière. Les roues sautent, les lanternes s'accrochent entre elles, les cochers s'invectivent. Ils arrivent au quartier des Prouvaires.

Avec le soleil couchant, le vent de septembre devient froid... On commence à allumer les réverbères, 5 322 à l'époque. Suspendus assez bas, fixés de maison en maison par des filins mobiles, la lumière blafarde des mèches qui filent crée en bougeant des lueurs inquiétantes, des ombres louches. Le pavé gras laisse peu de place aux piétons de chaque côté de la voie axiale où coulent et s'agglomèrent des immondices grossies par les eaux sales jetées des fenêtres au cri annonciateur de : « À l'eau ! »

C'est le Paris de Gustave Doré, personne n'a encore songé à l'alignement des rues, ce ne sont que pans coupés, ruelles et recoins. La petite Plessis, bercée dans son enfance par des histoires de loups-garous, est terrorisée par ces impasses sombres. Elle suit son père, rue des Deux-Écus, à l'entrée des Halles.

Marin conduit Alphonsine chez les Vital, cousins des Deshayes, qui tiennent commerce de fruits et légumes. De quelle façon s'y prend-il pour leur abandonner l'enfant ?

Il vend sa marchandise, discute du prix, fait appel à

leur sens de la famille. L'affaire faite, il les remercie, empoche le produit de ses beaux discours et disparaît, sans doute à la recherche d'un cabaret où, une fille sur les genoux, il boit à la santé de la sacrifiée.

Alphonsine regarde s'enfoncer dans la nuit douteuse cet étrange père, « bel homme et vilaine âme », se demandant secrètement si elle n'éprouve pas plus de soulagement que de chagrin à le voir sortir de sa vie. Il a promis aux Vital qu'il reviendrait, elle sait qu'il ment. Il ne reviendra pas. Elle ne le reverra pas vivant.

De retour en Normandie, Marin Plessis est repoussé comme un objet d'opprobre. Delphine demande des nouvelles de sa cadette. Les gens du pays lui posent des questions : « Qu'as-tu fait de ta fille, Sorcier ? » Cynique et exaspéré Marin répond que « Paris est grand et qu'il n'y a pas de tambour pour retrouver les objets perdus ».

Elle est bien un « objet » perdu, Alphonsine, quand elle se réveille, le lendemain matin, au bruit infernal des charrettes de choux qui s'acheminent vers la halle.

Cet antre sordide et malodorant, est-ce là Paris ? Ce pays de roman qu'elle imaginait ?

Tout comme sa mère quelques années plus tôt, la voilà, loin de sa campagne natale, dans un monde inquiétant, chez des inconnus, et cela par la faute du même homme. À cette différence près qu'Alphonsine n'a pas même le réconfort d'un logis convenable. Les Vital la regardent plus comme un poids que comme un secours et ne lui manifestent guère l'affection dont elle a toujours été privée. Les fruits flétris qu'il lui faut nettoyer, les seaux d'eau qu'il lui faut porter l'épuisent.

Suivons un peu à tâtons et selon des sources plus ou moins sûres le trajet de cette Cosette d'un nouveau genre qui possède toutefois d'autres atouts que la timide héroïne de Victor Hugo.

D'abord Alphonsine a un esprit vif, avec une propension à la gaieté qui lui attire instantanément la sympathie des gens qu'elle rencontre. Son caractère enjoué, inventif va la conduire malgré elle jusqu'à un chemin tout parsemé de... camélias. Car elle ne mène pas son destin, c'est son destin qui la mène, ainsi qu'il mène ceux qui ont reçu en partage l'inestimable don de beauté.

La petite paysanne, pour l'instant, n'a qu'une idée en tête : aller en reconnaissance dans les rues, en s'éloignant de ce trou boueux du quartier des Prouvaires. Elle chipe une pomme verte aux cousins Vital et part à l'aventure. Dans l'entrelacs des ruelles qu'elle parcourt, nez au vent, croquant sa pomme, elle découvre la misère de Paris : un Parisien sur onze est inscrit au bureau des indigents. Des gosses loqueteux jouent au ballon dans les rues sans trottoir, entre les bornes. Elle croise les Auvergnats tirant leurs tonneaux d'eau qu'ils distribuent de maison en maison. Il existe, lui dit-on, des dames qui louent un énorme baquet appelé baignoire et font chauffer sur des cuisinières à bois toute l'eau dans laquelle elles se trempent au moins une fois par mois. Quel luxe ! Alphonsine poursuit son exploration ; elle passe par la Fontaine des Innocents, par la rue de la Tonnellerie où on brade les œufs à la criée, et par la rue Montorgueil où s'installent les marchands d'huîtres.

Dans le mouvement de ces rues étroites elle risque à chaque instant d'être renversée par un cheval, bousculée par des voyous. Un peu plus loin c'est la marchande de gâteaux qui promène ses paniers en criant : « Voilà le plaisir mesdames, voilà le plaisir !... » L'eau lui en vient à la bouche ; arrivée au bord de la Seine, elle se paie d'audace et s'aventure jusqu'au Pont-Neuf. Que de belles filles autour de la statue du Vert-Galant ! C'est qu'ici se trouvent les meilleures pommes de terre frites de Paris. Nestor Roqueplan, journaliste et dandy à la mode, relate sa première rencontre avec la paysanne, jolie, délicate et « malpropre comme un colimaçon mal tenu ». Devant la graisse turbulente qui chante dans la poêle du friturier, elle se tient, ébahie, alléchée par ce spectacle d'une félicité suprême.

« Elle croquait une pomme verte qu'elle semblait mépriser, dit Roqueplan, la pomme de terre frite était son rêve, je lui en offris un gros cornet. Cet acte de munificence, imposant comme la foudre, la fit rougir ; mais revenue de son éblouissement, elle n'attendit pas les approches coriaces du trognon de sa pomme pour la laisser choir, et fit si gloutonnement le va-et-vient du cornet à sa bouche, qu'elle semblait avoir engraissé en trois minutes. »

Ce n'est malheureusement pas un cornet de frites en passant qui va faire engraisser Alphonsine.

Elle ne cesse d'avoir l'estomac creux ; les Vital ne sont pas riches ; la somme qu'ils ont donnée à Marin ne leur semble pas en rapport avec les frais qu'occasionne sa fille ; Alphonsine est toujours dans les rues, il faut sans arrêt la rappeler à l'ordre et son rendement au travail est insuffisant.

Errant dans Paris, elle poursuit sa quête, prête à toutes les compromissions pour n'avoir plus jamais faim.

À l'histoire des frites s'ajoute une autre histoire qui témoigne de ses fringales de fillette mal nourrie. Elle escalade un matin l'entresol d'un journaliste qu'elle connaît on ne sait comment et lui demande des cerises car, dit-elle, « à la mi-juin elle n'en a pas encore goûté ». Il rapporte avec quel recueillement sensuel elle grignote à belles dents, des dents pareilles à des « perles d'Ophir [1] », la pulpe du fruit convoité.

Las de garder une pensionnaire de si peu d'utilité, les Vital la font entrer chez Mme Barget, blanchisseuse rue de l'Échiquier...

Le repassage, Alphonsine en a appris les rudiments au pays. Face aux deux filles de la patronne qui ne la détestent pas, la joue tendue vers le fer, elle est sidérée par la beauté des guimpes et des jupons de toile fine, c'est le fin du fin du linon, des dentelles, des voiles de blonde, des bouillonnés, des tuyautés. Elle éprouve, en passant le fer dans ces merveilles, une envie folle de sentir glisser sur son corps ces chemises mousseuses, ces rubans de satin...

Il arrive que Mme Barget lui confie un gros paquet de linge à porter chez ses pratiques. Introduite sur le seuil de l'appartement par un valet distant, elle aperçoit entre les rideaux des portières certains inté-

1. Ville orientale.

rieurs dont elle va pouvoir nourrir des rêves qu'elle croit encore inaccessibles.

Un an plus tard, pour une raison inconnue, elle est renvoyée de chez la lingère.

Un journaliste écrira dans *Le Siècle* qu'elle a fait un séjour à la prison des femmes de Saint-Lazare. Aucune preuve ne nous en est donnée.

En 1839 elle trouve à se placer comme apprentie chez une couturière, Mme Urbain, rue du Coq-Héron. Elle commence à sept heures du matin pour terminer à huit heures du soir. Elle apprend à coudre sur les robes, les dentelles de Malines et le fameux point d'Alençon, exécuté dans son pays. Elle ajuste les guipures, confectionne les bonnets de « tulle illusion », les capotes de crêpe... Alphonsine, muette et attentive, observe les clientes se drapant dans les plis de leurs « schalls ».

Elle découvre qu'il faut quatorze mètres de tissu pour vêtir une dame, alors qu'il suffit d'une modeste pièce de cotonnade à la confection de sa propre robe dont un fichu d'étoffe imprimée agrémente le dépouillement ; tout cela forme pourtant un ensemble plein de grâce quand sa taille, se balançant mollement, rend le flottement de la jupe délicieusement provocant...

Dans sa mansarde située au-dessus de l'atelier, Alphonsine, comme les autres apprenties, s'éveille avec le jour, et descend chercher son lait sous la porte cochère (une paysanne y est installée avec ses pots), bol de lait vite avalé avant de rejoindre ses compagnes dans l'arrière-boutique de Mme Urbain.

On doit tirer l'aiguille en silence, se permettant

quelques plaisanteries à voix basse en l'absence de la terrible couturière, retenue parfois au magasin par une cliente.

Cette fois Alphonsine travaille bien, la patronne n'est pas mécontente... La vie est dure, épuisante ; l'apprentie couturière connaît une activité toute la semaine qui lui fait apprécier le dimanche impatiemment attendu ; jour de prédilection pour la grisette dont la physiologie étudiée par Huart nous permet de mesurer le degré de légèreté :

« La lingère est, dit-il, plus farouche que la mercière, la mercière que la gantière, la gantière que la parfumeuse, et il est universellement reconnu que la modiste jouit d'une mauvaise réputation ! »

La raison ? C'est que la lingère n'aime pas se laisser chiffonner, tandis que la modiste, une fois qu'elle a enlevé son chapeau rose... le reste suit sans peine.

Bien sûr, il faut vivre, et ce ne sont pas les quarante sous très aléatoires de la mère Urbain qui permettront à Alphonsine de s'acheter la paire de chaussures qu'elle guigne depuis des semaines, et qu'elle nomme « bronequins » parce qu'elle est fâchée avec l'orthographe.

La grisette, habillée l'hiver d'une robe grise parce que c'est moins salissant, reçoit la définition des académiciens qui s'y sont mis à quarante pour nous en donner cette interprétation sans charme :

« Grisette : substantif féminin. Jeune fille ou jeune femme de médiocre condition. »

Eh quoi ! n'ont-ils jamais été amoureux ? Ces jeunes filles, qui forment « la plus jolie classe de toute la population féminine du royaume de France », ne leur ont-elles jamais inspiré le moindre quatrain, le moindre « bouquet à Chloris » ?

En dehors des heures où, vissée sur sa chaise de paille, elle subit, en travaillant le velours et le taffetas, les avanies des piqûres d'aiguilles et les remontrances de madame, de quel étudiant à moustache brune ou blonde Alphonsine peut-elle rêver ? À seize ans, de quoi, de qui se soucie-t-elle ? Sans doute comme ses camarades de travail échange-t-elle son cœur avec un Oscar ou un Ernest qu'elle s'efforce de ne pas trahir.

Elle a, sur la fenêtre de sa mansarde, un pot de giroflées qu'elle arrose largement et dont le surplus tombera sur le carabin logé à l'étage du dessous... Excellent moyen de faire connaissance... On s'excuse, il sourit, elle sourit, on s'invite à partager les trois marrons qui restent, en riant du vent qui casse le carreau et laisse entrer la pluie. Le lendemain, le soleil revenu, Ernest rassemble les derniers sous de la pension paternelle pour aller faire danser sa compagne dont La Fontaine, au temps de Louis XIV, brossait déjà ce charmant portrait :

« *Une grisette est un trésor*
Et sans se donner de la peine
Et sans qu'au bal on la promène
On en vient aisément à bout
On lui dit ce qu'on veut, bien souvent rien du tout. »

La grisette du temps de Louis-Philippe ressemble à celle de La Fontaine. Mais, si c'est toujours un trésor et si l'on n'est pas obligé de lui dire grand-chose, il faut la faire danser, beaucoup... et souvent... Alphonsine adore danser... elle va à *La Grande Chaumière* en compagnie de son étudiant du moment, carabin, orateur en herbe, général sans épée, Mirabeau sans tribune...

« On travaille chacun de son côté, dit Janin, l'un dissèque les cadavres, l'autre en habille ; celui-ci débrouille les textes de Justinien, celle-là l'ouvrière en modes redresse tous les torts féminins qu'on lui présente. »

Selon Paul Jarry les cousettes s'appellent Mimi, Musette, ou Mariette...

Un bonnet rose, une écharpe neuve taillée à la hâte dans une chute de tissu inutilisé, avec sa robe de guinguan ornée d'un tablier de canezou, regardons s'éloigner Alphonsine au bras de son cavalier.

Musset, comme La Fontaine, prise les charmes de la jeune ouvrière. « Un visage rond demande des yeux brillants ; le mieux est qu'ils soient le plus noirs possible. Les cheveux sont *ad libitum,* attendu que les cheveux noirs s'accommodent de tout...

« C'est la figure classique de grisette que le bonnet rend parfois charmante et plus jolie que la beauté... »

L'été, elle passe ses soirées à *La Closerie des Lilas* dont les salles de danse et les ombrages accueillent en plein air les étudiants et les fils de famille qui viennent faire leur choix parmi les ouvrières et les dames à « demi convenables » ; leur séduction inspirera à Engels un enthousiasme qu'il tente, par lettre, de faire partager à son ami Karl Marx :

« Si je disposais de 5 000 francs de rente je ne ferais que m'amuser avec les femmes jusqu'à ce que je sois lessivé », et il ajoute :

« Si les Françaises n'existaient pas, la vie ne vaudrait pas la peine d'être vécue, mais tant qu'il y aura des grisettes... »

Alphonsine n'a plus l'apparence d'un « colimaçon mal tenu » : ses cheveux sont disposés avec grâce, ses vêtements d'une parfaite netteté. Elle ignore l'oisiveté. Quand elle n'est pas à l'atelier, elle travaille à la confection ou à l'entretien de son modeste vestiaire, à la lueur de la bougie, accueillant son galant qui est mieux reçu avec quelques oranges et un demi-cent de marrons qu'avec les plus magnifiques camélias. Les calculs d'intérêt seront pour plus tard, le charme des jeunes gens lui fait remiser au fond de sa mémoire le souvenir repoussant du vieux Plantier.

Alphonsine se donne, mais ne se vend pas encore. Jusqu'au jour où, à l'instar de ses compagnes, lasse de dormir dans un rude lit de noyer, elle succombera à l'homme qui lui offrira le palissandre.

Huart impute cette première chute à un instrument fatal : le parapluie. « L'immoral parapluie qui se présente au bout du bras d'un joli barbu ne demandant qu'à employer joyeusement la rente paternelle... En vérité, la vertu tombera tant qu'on n'aura pas fait jeter à l'eau tous les marchands de riflards », s'écrie-t-il, indigné.

Huart ne croit pas si bien dire. C'est à la pluie qu'Alphonsine va devoir le commencement de son « escalade ».

Un dimanche de l'été 1839, en compagnie de deux de ses amies, comme elle ouvrières en modes, Hortense et Ernestine, elle décide d'une partie de campagne.

C'est le jour où les « coucous » et les « pataches » emportent les amoureux vers les sous-bois de Romainville, de Meudon et de Saint-Cloud. Mais soudain arrive la pluie. Elle tombe dru. À défaut de campagne, les trois amies se réfugient, en courant, galerie Montpensier, sous les arcades du Palais-Royal, abri de toute évidence plus solide que la toile bleue d'un passant. Elles meurent de faim. Il y a dans ce coin de Paris d'excellents restaurants, mais la bourse plate de ces demoiselles ne saurait leur permettre d'accéder aux délices de *Chez Véry* ou des *Frères Provençaux*. En réunissant leurs fonds de poches, Alphonsine, Ernestine et Hortense arrivent jusqu'à la somme de cinq francs. Elles conviennent donc d'un restaurant très modeste où dînent[1] les boutiquiers du quartier, résolues à ne pas trop consommer. L'entrée de ces demoiselles dans l'établissement cause un certain remous : « Où allons-nous, murmurent les familles attablées, si les ouvrières se paient le restaurant ? »

Elles commandent leur repas au garçon, impressionnant dans son habit noir et, la timidité s'envolant,

1. On dîne à midi, on soupe vers six heures du soir ; à minuit, on fait médianoche.

attaquent joyeusement leur lapin chasseur, puis une pâtisserie, sans se soucier de ce qui va rester de leur modeste pécule.

Alphonsine se doute-t-elle qu'elle est ici à la croisée des chemins d'un destin fabuleux, à l'aube de sa métamorphose, celle qui voit une grisette se transformer en lorette, avant d'atteindre la position enviée de courtisane.

Mais d'abord qu'est-ce qu'une lorette ? « Lorette, dit Balzac avec humour, est un mot décent pour exprimer l'état d'une fille, ou la fille d'un état difficile à nommer. Quand un nom nouveau répond à un cas social qu'on ne pouvait dire sans périphrase, la fortune de ce mot est faite. Aussi la lorette passa-t-elle dans toutes les classes de la société même dans celles où ne passera jamais une lorette. Le mot fut fait en 1840 à cause de l'agglomération de ces nids d'hirondelles autour de l'église dédiée à Notre-Dame de Lorette. »

Si l'on n'accorde pas à notre héroïne ce surnom printanier c'est sans doute parce qu'elle appartient à la paroisse de la Madeleine, paroisse tout indiquée pour une pécheresse. Lorette ou Madeleine, Alphonsine en tout cas, passe de l'état de grisette à celui de femme entretenue ; femme si l'on veut, pour l'instant gamine, pouffant de rire dans sa serviette, se gaussant du restaurateur, quadragénaire dont la bedaine barrée d'une chaîne de montre en or évoque assez M. Prudhomme. Il s'appelle M. Nollet. Il s'approche, amusé, et demande aux jeunes ouvrières si, pour terminer un bon dîner, elles ne désireraient pas une bouteille de vieux bourgogne.

Du bourgogne ? Alphonsine n'a jamais goûté qu'au cidre de Nonant...

Les filles hésitent, mais, assurées qu'il s'agit d'un cadeau, finissent par accepter. Avec un cérémonial quasi solennel, le patron casse le cachet de cire, débouche la précieuse bouteille et s'assied à leur table. La conversation s'engage.

Les trois grisettes décrivent Mme Urbain, singent les clientes capricieuses et confient à Nollet l'immense déception de la partie de campagne manquée... Qu'à cela ne tienne, déclare le brave homme, dimanche prochain il les invite toutes les trois à Saint-Cloud.

Alphonsine en sait déjà plus que ses compagnes sur le regard des hommes. Celui de leur hôte s'attache au sien d'une manière qui ne laisse aucun doute sur le fond de sa pensée. D'instinct, elle détourne la tête en vraie fille d'Ève, sachant qu'une certaine froideur attise le désir de ces messieurs.

À vrai dire, elle est loin de penser à ce qui l'attend. La seule perspective de ne pas mourir de faim, grâce au métier de son soupirant, lui suffit largement.

Le dimanche suivant, le trio se retrouve à la Concorde, où M. Nollet les attend déjà dans une voiture de louage. Elles ont eu toute la semaine pour soustraire à Mme Urbain fleurs et rubans et se confectionner des capotes particulièrement réussies. Celle d'Alphonsine est la plus coquette et du goût le meilleur, et fait grande impression sur le restaurateur. Son allure est plus déliée, elle a perdu en quelques mois son accent normand et l'a troqué provisoirement contre le langage de ses collègues, se faisant offrir « de l'homard » et retenir, si on les lui offre, des billets pour le « spéquetacle ».

Au cours du repas sous les frondaisons de Saint-Cloud, Alphonsine prend garde de ne pas se laisser aller aux rires intempestifs et aux chansons parfois gaillardes que les filles de sa classe ne dédaignent pas.

Devant son air distingué et sa figure d' « ange sensuel », le quadragénaire de la galerie Montpensier reste bouche bée. Après lui avoir fait la cour pendant trois semaines, il installe Alphonsine dans un petit appartement rue de l'Arcade, spécialement meublé pour elle.

Si Marin Plessis la voyait, il serait satisfait de son œuvre. Alphonsine est enfin sortie de sa médiocrité, elle ne connaît plus ni froid ni faim et va prouver sa reconnaissance en croquant à M. Prudhomme, en moins d'un mois, la somme rondelette de 5 000 francs qu'il a glissée dans son tiroir pour ses « premiers frais ».

Être dans ses meubles, s'acheter jupes et jupons, ne se préoccuper que de soi-même, avoir un toit qui ne laisse pas passer la pluie et un feu de bois dans la cheminée, ce rêve que caressent les ouvrières parisiennes, Alphonsine le réalise. Le gargotier n'est pas trop exigeant, il vient le dimanche, elle supporte stoïquement ses rapprochements poussifs, songeant à l'argent qu'elle dépensera le lendemain et qui lui brûle déjà les doigts.

L'appartement de la rue de l'Arcade ne représente pour la petite Plessis que le marchepied qui mène vers de plus hautes sphères. C'est une sorte de brouillon. Deux ou trois robes, un collier de perles et quelques louis d'or ne font qu'exciter d'autres envies chez cette enfant avide de toutes sortes de beautés, qu'il s'agisse du luxe de ses toilettes ou de la prestance de ses amants.

Quand l'automne succède aux jours chauds, *La Closerie des Lilas* abandonne les frondaisons de ses quartiers d'été et M. Bullier, secondé par sa femme, transporte son personnel et sa caisse au *Bal du Prado* dont il est également propriétaire. Il n'a pas grand chemin à faire pour s'y rendre. Il suffit de gagner « ces immenses mares de boue qu'on nomme la rue de la Harpe, la place Saint-André-des-Arts, la Cité, la place du Palais-de-Justice » pour suivre un sombre couloir fétide, le passage de Flore, et on arrive au *Prado.* C'est l'ancien théâtre de la Cité, qu'ont remplacé les bâtiments nouveaux du Tribunal de commerce, entre le Quai aux Fleurs et la vieille rue Constantine, absorbée depuis par l'Hôtel-Dieu.

Elle s'y rend le dimanche, jour réservé aux bourgeois et aux commis. Ce n'est pas ce parfum-là que veut respirer Alphonsine. Elle brûle de pénétrer au bal, l'un de ces jeudis ou lundis, dans la salle dite de la Rotonde où les élégantes promènent leurs robes du soir, chapeaux de velours et manteaux d'hermine ; c'est là qu'on peut admirer les modes les plus nouvelles, les plus riches bijoux. C'est le monde auquel elle aspire.

Il n'y a aucune raison que Nollet refuse à sa protégée un pareil plaisir. Il est lui-même tout gonflé de la fierté de présenter à la foule ce petit miracle de beauté, sa propriété.

Ils entrent donc au *Prado* un lundi ; nous ignorons

comment Nollet s'y est pris pour ne pas accueillir ses clients ce soir-là. Dans le vestibule, vaste et élégant, une buraliste leur donne deux cartes d'entrée. La fleuriste s'occupe des cannes, des parapluies ou des sabres... Ils montent au premier étage...

Paul Jarry assure qu'il faut être quelque peu initié pour entrer en ces lieux où se tenaient jadis les assises d'une certaine loge de francs-maçons. Cette salle, sorte d'estaminet où vont boire les véritables habitués, est d'ailleurs appelée « Le Temple » ; elle jouxte une salle de billard rustique, car aucun lieu de plaisir ne saurait se dispenser, à l'époque, de son billard rustique.

Alphonsine et son lourdaud continuent de monter l'escalier qui conduit aux salons de danse. Le grand salon pourrait s'appeler « Boulevard ». On y circule avant et après avoir dansé, on y échange des saluts quand on se connaît et des œillades quand on veut se connaître. On bavarde, on rit, c'est un terrible brouhaha. L'ex-pensionnaire de Mme Urbain dissimule mal l'excitation qui s'empare d'elle. Elle n'a pas encore acquis cet art de la pose naturelle dont elle usera par la suite, au point de paraître duchesse aux yeux de certains. On la frôle, les hommes, surpris de voir pour la première fois un tel bijou, ne se privent pas de lui faire savoir par leurs regards appuyés combien ils la trouvent à leur goût. Dans l'une de ces robes blanches qu'elle privilégie (à la vente après décès, on en trouvera des douzaines), Alphonsine irradie de fraîcheur.

Se penchant vers son cavalier, elle fait mine de lui sourire et en profite pour dispenser largement à la ronde l'éclat de ses dents. M. Nollet enfle d'orgueil dans sa redingote trop serrée. Orgueil funeste car c'est au milieu de ces apostrophes joyeuses et de ces rires bruyants, dans l'agitation du grand salon, qu'un jeune homme élégant et racé va lui enlever la belle fille qui ne compte pas dix-sept printemps.

« Son visage forme un ovale d'une grâce indescriptible, dira Dumas fils. Les yeux noirs, surmontés de sourcils dont l'arc est d'une telle pureté qu'il semble peint, sont voilés de grands cils qui s'abaissent, jetant de l'ombre sur la teinte rose des joues. Le nez fin, est droit et spirituel. Les narines un peu ouvertes démontrent une aspiration ardente vers la vie sensuelle. »

Après avoir traversé le grand salon, toujours au bras de son M. Prudhomme, Alphonsine pénètre enfin dans la fameuse rotonde ; elle y côtoie les élégantes qui dansent le traditionnel quadrille avant de se lancer dans une Cachucha peu décente. Alphonsine s'amuse follement ; son protecteur essoufflé finit par crier grâce et va s'effondrer sur une banquette.

On imagine l'instant unique où Agénor de Guiche, fils du duc de Gramont, le dandy croisé tout à l'heure, vient s'offrir pour une valse à l'agrément de Mlle Plessis... Ce soir-là, entrée dans la Rotonde au bras d'un gargotier, Alphonsine en sort accompagnée d'un aristocrate.

Aucun des deux jeunes gens ne se souvient du 7 août 1830 où ils se croisèrent au Merlerault, elle pauvresse sur le pas de sa porte, lui chevauchant au côté du duc de Bordeaux dans le « cortège » menant

Charles X vers son exil. Les Gramont, fidèles aux Bourbons, accompagnèrent ensuite la famille royale dans sa longue errance d'Édimbourg à Prague. Agénor devint le compagnon d'études de l'héritier présomptif du trône, l'improbable Henri V, devenu en exil comte de Chambord.

Le jeune Guiche est issu d'une des plus anciennes et des plus illustres maisons de la noblesse française. L'un de ses ancêtres a participé à la première croisade, un autre périt assassiné pendant la guerre contre les Albigeois. Les Gramont, ou « Agramontes » en espagnol, ont toujours participé aux épopées du royaume de France. C'est un Gramont qui escortait Henri de Navarre en 1576 quand il s'évada du Louvre où il était retenu depuis la Saint-Barthélemy. Le Béarnais devenu Henri IV déposa aux pieds d'une Gramont, la belle Corisande, les vingt-deux drapeaux enlevés à l'ennemi pendant la bataille de Coutras.

Enrichis par de nombreuses et belles alliances, et d'inestimables faveurs royales, les ducs de Guiche — titre toujours porté par le fils aîné — se glorifiaient en dépit de leurs autres seigneuries de celle de princes de Bidache. Du haut d'un château aux murs de cinq pieds d'épaisseur, ils exerçaient sur les terres de Bidache tous les droits régaliens sans exception aucune, battant monnaie et signant en égaux des traités avec les rois de France et de Navarre. « On ne connaissait à Bidache ni taille, ni capitation, ni gabelle : seul le bon plaisir du prince y faisait loi. »

Une certaine disparité dans les antécédents de la famille pourrait tempérer cette « hautainerie » bien à tort affichée. Car pour une aïeule de haute lignée,

Martine de Polastron, duchesse de Polignac, amie de Marie-Antoinette, on trouve du côté des Grimaud d'Orsay un sang mélangé de solides gars francs-comtois et de l'Italienne Eléonore Franqui, danseuse de son état, ayant eu du duc de Wurtemberg deux enfants naturels. La séduisante Italienne échoua quelque temps après dans les bras du riche Anglais Sullivan qui lui fit cadeau de sa fortune et de son nom.

La « belle Sullivan », une fois veuve, s'enticha d'un autre Anglais ayant le mérite d'être plus riche que le précédent, un certain Quentin Crawfurd. Elle revint en France et l'épousa. Leur hôtel de la rue d'Anjou était rempli d'objets d'art et de tableaux qui en faisaient un véritable musée. Crawfurd était bien connu de la police de Louis XVI par ses escapades chez les entremetteuses ; bien qu'aventurier et de mœurs légères, il n'en était pas moins fidèle aux Bourbons ; c'est lui qui procura aux époux royaux la lourde berline qui devait les emporter vers Varennes. Eléonore Crawfurd éleva ses petits enfants dans un luxe inouï, faisant d'Alfred Orsay le dandy le plus célèbre de son temps avec Brummell, et de sa sœur Ida une élégante qui devait donner le ton à la mode parisienne et épouser le duc de Gramont. Dans leur jeunesse on les appelait l'Amour et Psyché, par allusion au tableau de Gérard.

« Orsay, enfant blond frisé naturellement avec des yeux du bleu qu'on voit chez les poupées, dit Vigny, possède une bouche fraîche et rose de jeune fille. »

En revanche, Ida ne semblait pas au départ aussi idéalement belle. Si ses cheveux blonds tombaient à flots sur ses épaules, elle avait tout d'une plantureuse paysanne. Révoltée, elle entreprit de lutter contre une nature trop généreuse, imagina de se faire maigrir, ne mangeant presque plus et buvant force vinaigre. Cette obstination la fit d'abord tomber en défaillance puis en une maladie grave et profonde qui manqua la mettre au tombeau. « Elle en revint telle qu'elle avait résolu de se refaire, pâle pour toujours et aussi maigre qu'elle s'était vue gonflée, intéressante enfin et personnage de roman. »

Après trois ans d'émigration, les Gramont se séparèrent en 1833 de la famille royale et revinrent en France pour y retrouver leur situation mondaine dans le clan des Montmorency, des Caraman, des Gontaut, des Maillé.

Mlle Plessis ne pouvait être mieux placée sur la route de l'ambition qu'en tombant dans les bras de l'héritier des Gramont. Son soupirant du *Prado* paraît avoir hérité de la beauté de son oncle d'Orsay, si nous en croyons le signalement porté sur les fiches de son régiment :

« Un mètre quatre-vingt-trois de taille, les yeux bleus, les cheveux blonds, le nez droit, le front large et découvert. » « Mais, dit Grunwald, ces annotations faites de la main d'un adjudant ne peuvent donner qu'une maigre idée du rayonnement qui se dégageait de toute sa personne. »

Devant ce radieux Adonis, Alphonsine reçoit un éblouissement : beauté, rang, titre, il a tout, celui qu'on désigne comme « le lion pur sang des boulevards ». Ce qui lui manque sans doute le plus c'est la fortune. Les Gramont ont vu fondre une grande partie de la leur avec la Révolution et les biens venus des Orsay-Sullivan-Crawfurd ont fondu rapidement au soleil.

Si le jeune Guiche est en mesure d'offrir à Marie quelques bijoux et un dîner au *Café Anglais* il n'est pas considéré comme un parti suffisant pour les plus riches héritières du faubourg Saint-Germain. Ainsi la duchesse de Dino fait fi, pour sa fille Pauline, dont on murmure qu'elle est aussi la fille de Talleyrand, de ce garçon « absolument sans fortune avec quantité de frères et sœurs, une mère assez sotte et des parents toujours aux expédients ». Ayant hésité entre le marquis de Gontaut-Biron et Jules de Clermont-Tonnerre, la duchesse finira par donner Pauline à Henri de Castellane, fils du maréchal.

Quand Agénor enlève et « relève » la jeune Nonantaise, il est sorti de Polytechnique après deux ans d'études plutôt médiocres et vient d'être promu sous-lieutenant dans le service de l'artillerie où sa carrière sera brève et sans éclat.

Est-ce la future Dame aux camélias qui, le retenant dans ses bras, l'écarte de son devoir ? Le jeune « lion », au lieu de rejoindre l'école d'application de Metz, sollicite des semaines de congé sans solde, prétextant « des affaires de famille d'un intérêt majeur ». Il ne manque pas d'audace, lui qui « botté du cuir le plus verni, ganté du chevreau de la plus élégante blancheur » dépense ses revenus et sa solde de sous-lieutenant en compagnie des *fashionables* du boulevard des Italiens, fait partie du Jockey Club, dîne chez *Tortoni* ou au *Café Anglais*, se rend le soir à l'Opéra, et démontre le matin, au bois, qu'il est brillant cavalier. C'est un « flâneur », il affiche un certain scepticisme, ainsi qu'il est de mise chez tout dandy qui se respecte ; il est, dit-on, relâché dans ses mœurs : une aventure éphémère avec la Païva et une semaine passée dans le lit de la tragédienne Rachel en font foi. On dit également qu'il « admire les femmes en raffiné et qu'il ne perd pas son temps à les aimer ».

Et cependant, nul doute que sa nouvelle conquête lui fasse éprouver un sentiment fort. Il est réellement attiré par cette jeune beauté dont il ne va pas se contenter de tirer le plaisir de ses nuits. Ce seigneur désinvolte et jouisseur, « sans autres préjugés que ceux de sa caste », va mettre un point d'honneur à hausser sa maîtresse jusqu'à lui. Alphonsine va recevoir de bons maîtres et grâce à sa puissance d'assimilation va apprendre à lire et à écrire. On peut constater qu'il y a loin de son premier billet griffonné et signé : « Sel qui t'aime » aux lettres pratiquement sans faute qu'elle enverra par la suite.

Cette année-là est décisive pour la belle Ornaise : elle apprend la musique, se compose une bibliothèque, reçoit des leçons de maintien et de savoir-vivre, et devient experte dans l'art de la conversation.

Petit à petit, de la grisette entretenue par M. Nollet, Agénor va faire naître une « femme dandy », lointaine, mystérieuse, troublante. C'est une élève docile, intuitive. Jugeant elle-même de sa mutation, elle prend le pseudonyme qui la rendra célèbre : Marie Duplessis. « C'est le nom de la Sainte Vierge », dira-t-elle à Romain Vienne, étonné, qui aimait bien le prénom d'Alphonsine... Cette version n'est peut-être pas la plus crédible.

Grâce à Jean Darnel, qui possède l'acte de décès de Marianne Deshayes, retrouvé par Johannès Gros, nous découvrons avec surprise que la femme de Marin Plessis y est déclarée sous le patronyme de Duplessis... Étant décédée quand Alphonsine n'avait que six ans, elle n'a pu tenter d'user de la célébrité de sa fille. Ce serait donc la fille qui, ayant eu l'acte de décès entre les mains, aurait trouvé là une occasion de rendre hommage à sa mère en adoptant son nom. Version émouvante mais n'excluant nullement l'attirance obsessionnelle que représentera toujours pour la marchande de sourires la possession d'un titre.

Un soir, les amants vont danser au *Ranelagh,* bal plus relevé que celui du *Prado.* Nestor Roqueplan est frappé à l'épaule. Il se retourne et voit Guiche, « grand, frais comme une rose, blond et bouclé comme un Cupidon », qui lui présente sa compagne. Mon Dieu cette jolie créature, Roqueplan la reconnaît : c'est sa petite affamée du Pont-Neuf. Marie l'a reconnu aussi, elle lui sourit, l'air complice. La « biche » a pris le « lion » dans ses rets. Guiche exhibe sa conquête avec « l'air de contentement d'un inventeur ». Huit jours plus tard, au théâtre des Italiens, on ne parle que de la nouvelle maîtresse du jeune duc.

Cette fois Marie Duplessis fait bien partie de la ville de Paris où, selon Rivarol, « la providence se manifeste plus qu'ailleurs ». Au théâtre des Variétés, devant un public disparate, élégant à l'orchestre, chahuteur à partir des secondes loges, Agénor, ayant chapitré son élève et surveillé son allure et sa toilette, lui fait affronter ce que la capitale compte de gens à la mode, d'aristocrates, de viveurs et d'artistes.

On meurt d'envie d'assister à leur entrée... Lui grand et blond Phoebus reste un instant debout dans l'avant-scène puis s'efface pour placer au premier rang sa découverte... Un mouvement se fait dans la salle... Les hommes se dévissent la tête, les femmes se cramponnent à leurs lorgnettes, tous les yeux sont braqués sur le chef-d'œuvre de ce Pygmalion romantique.

Aussi brune qu'il est blond, aussi pâle qu'il est rose, « elle possède un des plus beaux visage de la création », dit Janin, subtil et transparent, dont « les grands yeux noirs, vifs doux, étonnés, presque inquiets sont tour à tour pleins de candeur et de vagues désirs »...

Qu'il s'agisse de Paul de Saint-Victor, de Jules Janin, de Dumas, de Matharel de Fiennes ou de Gustave Claudin, de Romain Vienne ou de Théophile Gautier, tous les chroniqueurs du temps s'accordent pour vanter les sourcils de velours noir, le blanc mat de la peau, la petite bouche toujours entrouverte sur des dents éblouissantes de blancheur, les longs cils ombrant les joues et la peau sillonnée de fines veinules bleues trahissant son extrême fragilité.

Tous s'extasient sur l'art inimitable qu'elle met dans sa coiffure et sur sa grâce qu'on qualifie de poétique, « si bien, dit l'un de ces esthètes, que quiconque voyait Marie Duplessis, cénobite, octogénaire ou collégien, en devenait éperdument amoureux ».

Quand Guiche a bien joui de l'effet qu'il vient de produire, il s'approche pour faire glisser des épaules de sa Galatée le « schall » de cachemire blanc qui l'enveloppe.

La duchesse de Gramont a montré l'exemple, depuis peu, aux élégantes parisiennes, en abandonnant les énormes manches à gigot qui les engonçaient, et en remettant la taille à sa place. Agénor par mère interposée a conseillé à Marie cette mode nouvelle qui la fait paraître plus frêle encore, « à la limite de la maigreur », disent les femmes qui ont gardé les formes opulentes de la Restauration...

Elle a renoncé également aux bouclettes frisottantes des tempes et à la ridicule coque empesée perchée sur la tête. Ses cheveux brillants et épais sont ramenés en bandeaux séparés par une raie de milieu laissant les oreilles juste assez dégagées pour faire admirer les deux perles roses, premier cadeau de son amant. Elle n'arbore pas encore le diadème et les émeraudes dont elle enrichira plus tard sa parure. Elle s'est contentée de piquer dans son chignon des fleurs naturelles. Déjà des camélias ? C'est possible. Nous savons que le parfum des roses et des tubéreuses l'incommode. Elle serre, un peu nerveusement, un bouquet rond dans ses mains, si fines que les doigts en paraissent trop longs, des mains gantées de peau blanche, de ces gants achetés chez Geslin, dont elle usera bientôt une paire par jour.

Sa robe est de taffetas « rose-blanc » au décolleté orné de dentelles de Malines, retenu entre les seins par un simple bijou.

Alphonsine, pardon, Marie Duplessis, est, sans

artifice, la quintessence de ce que réclamait la mode en ces années 1840, temps d'une désespérance, d'une lassitude de vivre étrangement jointe à une peur panique de la mort.

Elle est telle que Théophile Gautier la voit : « Un peu de pâleur, une toux sèche, un air fatal et byronien gagnant l'apitoiement des plus sensibles. »

Marie Duplessis est assez fine pour tabler sur cet apitoiement, en en faisant bientôt le sens même de sa séduction. Modèle idéal pour un Vigny ou un Lamartine, avec son air languide elle démode en un soir toutes les femmes de la société qui serrent leurs corsets avec excès et avalent du vinaigre afin d'obtenir l'évanescence rêvée. À leurs rondeurs mal réprimées, aux ornements dont elles sont trop chargées, Marie Duplessis oppose sa beauté séraphique.

Elle vient d'entrer dans un nouvel univers guidée par son amant « fashionable » qui a perdu son nom pour devenir « lion », affichant cette distance sans hauteur, cette pichenette à la vie, cette « mélancolie non blasphématoire, tristesse vague dans laquelle rit un coin d'ironie ».

Roger de Beauvoir décrit parfaitement l'un de ces personnages léonins dont il fait lui-même partie : « Sa crinière ondoie, retombe, se hérisse, il mord, il rugit, il écume, il est insolent, il se complaît dans ce monde... »

En 1840, de combien d'individus se compose ce « monde » auquel on se doit d'appartenir ? De six mille personnes environ, en face d'un million de Parisiens. Six mille personnes qui s'entrecroisent, dînent, assistent au spectacle, soupent et se grisent dans un espace « qui n'a pas plus d'une portée de fusil de long ». C'est un de ces rares points sur la terre où le plaisir s'est concentré. Si le Parisien y vit, le provincial y accourt, et l'étranger garde le souvenir du « flâneur » ; qu'on l'appelle « gant-jaune », « lion », ou « dandy » ; il ne porte que ce qui vient d'Angleterre, se réclame de Lord Byron, passe deux heures à nouer sa cravate et se raidit dans l'amour de lui-même et le dédain d'autrui. À ceci près, souligne Custine avec humour, que « la frivolité anglaise se distingue de notre légèreté en ce qu'à Londres le plaisir devient une affaire, au lieu qu'à Paris, ce n'est qu'une distraction ».

Paris, c'est bien la ligne éblouissante des Boulevards, longue file de salles de concerts, de musées de cire, de petits et de grands théâtres où fleurit le drame romantique, depuis le boulevard Beaumarchais spécialisé dans les marchands de brocante jusqu'au boulevard du Temple, domaine de la féerie, du plaisir, et de la peur pour arriver au Boulevard des Italiens, ce centre du « bon goût, du bel esprit et de la galanterie ».

On y circule dans une avenue sans trottoirs que délimite entre calèches et piétons une ligne continue de hautes bornes. Aux Cent-Jours, quand Louis XVIII émigra à Gand, on donna le nom de la ville belge à l'avenue dont les habitués prirent alors le surnom de « gandins ».

Sur le boulevard, devenu depuis le boulevard des Italiens, boueux l'hiver, empoussiéré l'été, à peine ombragé de quelques arbres qui serviront de barricades en 1848, on ne se tient que d'un seul côté, le côté nord, le côté chic : c'est, sur une centaine de mètres, le *Café de Paris* et *Tortoni*, séparés par la rue Taitbout. Immédiatement accolée à *Tortoni*, la *Maison Dorée* fait l'angle de la rue Laffitte. Un peu plus loin c'est le *Café Riche*, puis la rue Le Peletier où se trouve l'Opéra. Nous reviendrons sur ces hauts lieux de l'esprit parisien où va briller la courtisane la plus réputée de son temps, au bras, ou dans les bras, de ceux à qui elle accordera ses faveurs, « beaux oisifs », fils de famille, hommes de lettres ou banquiers, qui l'entraîneront, quelquefois par amour, souvent par vanité, jusqu'au terme d'une vie trop vite consumée. A ceux qui ont tenté de retenir cette éternelle inassouvie, on voudrait crier :

« Elle a des caprices ? accordez-les-lui. Des fantaisies ? passez-les-lui. Des tristesses ? consolez-la... C'est une enfant, une enfant condamnée... » Et puis, dit Barbey d'Aurevilly, « les femmes sont des êtres tellement inexplicables ; sous la transparence de leur peau et de leurs regards elles cachent une telle masse de ténèbres ».

Certes, Marie Duplessis est une « vendeuse de sourires », mais totalement opposée à celles qui lui succéderont à l'aube du Second Empire. Elle ne ressemble en rien à une Païva qui se repaît d'argent, uniquement d'argent, et se vautre dans l'intrigue et l'espionnage. Elle n'a aucun point commun avec une Mogador, née la même année qu'elle, levant la jambe au *bal Mabille*, femme de toutes les audaces dont le nom est inscrit au registre des prostituées ; ni même avec toutes ces expertes « ès sciences galantes », lançant au bois leurs équipages et faisant étalage de leur luxe ; la calèche de Caroline Hassé, du jaune le plus vif, est conduite par deux irréprochables métis. Celle de la Barucci, dont le langage ordurier séduit ces messieurs du Jockey, est tendue de bleu foncé avec des rayures rouges. La voiture de Rosalie Léon, la fameuse « dame de la nuit », est capitonnée de satin violet auquel est assortie la livrée de ses laquais.

Quant à la capricieuse Lola Montès, courtisane anglaise, elle se fait construire un véritable palais rue Beaujon avant de faire perdre son trône au vieux roi de Bavière.

« Madame, lui dit Arsène Houssaye, vous devriez l'appeler le Palais des Mille et Une Nuits.

— Eh bien, monsieur, répondit-elle, je vous offre la mille deuxième nuit gratis. »

On ne peut s'empêcher d'évoquer ici l'anecdote célèbre attribuée à Rachel en réponse au billet du prince de Joinville :

« Où ? Quand ? Combien ?

— Chez toi. Ce soir. Pour rien. »

Rachel ne devait pas toutefois aller comme Anna Deslions jusqu'à envoyer à son futur amant un échantillonnage de ses tenues de nuit, afin qu'il choisisse la plus troublante.

Ces pécheresses aimaient la vie sous toutes ses formes. « La plupart d'entre elles, nous dit Joanna Richardson, avaient une intelligence et une volonté au-dessus de la moyenne, mais c'étaient des parvenues. »

Leurs toilettes étaient trop compliquées, leurs bijoux trop voyants, leurs tables trop abondantes. Leurs hôtels et leurs châteaux montraient qu'elles avaient plus d'argent que de goût. C'étaient des enfants gâtées et bruyantes. Exhibitionnistes dans l'âme, elles étaient prêtes à tout pour se faire de la réclame. On peut sans crainte affirmer que leurs éclats ont fait briller le second Empire d'une lumière équivoque.

Marie Duplessis, elle, ne fait pas galoper follement les chevaux blancs de son coupé doublé de velours bleu dans les coussins duquel elle s'enfonce, enveloppée de fourrures en toute saison. Son luxe est aussi discret qu'elle est frileuse. Elle ne possédera pas d'hôtel particulier, mais de beaux appartements, dont le dernier, boulevard de la Madeleine, ne comprend guère plus de cent cinquante mètres carrés. Jules Janin assure qu'on n'a jamais raconté, à son propos, « les fortunes disparues, les captivités de la prison pour dettes, et les trahisons, qui sont l'accompagnement ordinaire des ténébreuses amours ». Si elle dépense l'or et l'argent à pleines mains, on sait que vingt mille francs par an vont à la bienfaisance.

« Ah ! mon Dieu, s'écrie-t-elle un jour en présence de Romain Vienne, que je serais malheureuse si je n'avais pas la possibilité de faire un peu de bien ! »

Ces pièces blanches tombant de ses doigts pour l'aumône, et, pour un secours plus urgent, ces pièces d'or, sont la forme tangible d'une charité née d'un dégoût de soi-même qui refait surface entre ses folies de perles rares, de diamants, de dentelles. C'est le lot de Marie Duplessis de voguer ainsi du gâchis au mépris, « ce mépris de la prostituée pour l'homme dont tout ensemble elle sert les désirs et connaît la faiblesse », comme dit Félicien Marceau.

La course à l'argent et au bien-être favorisée par le

régime de Louis-Philippe n'a pas été pour rien dans le comportement de ces filles faibles qui, n'ayant pas trouvé le mari idéal, ont pris un amant, puis un autre… Une dame de la bonne société de l'époque assure qu'on « vivote avec un mari mais qu'on vit avec un amant ». Marie n'a pas été en mesure d'en décider. Qui lui aurait offert le mariage… ? A-t-elle pensé en rencontrant le jeune duc qu'il engagerait sa vie en lui passant la bague au doigt ? Si la position financière d'Agénor lui interdit une Talleyrand, il n'est pas question pour un Gramont d'épouser une courtisane, même si *L'Entracte* nous le présente comme un épicurien ardent au plaisir, n'hésitant pas à « faire les choses grandement et princièrement ».

Sa petite-fille, Élisabeth de Clermont-Tonnerre, écrira dans ses Mémoires qu'il ne supportait aucune rivalité sur l'article des dames, et avait toutes celles qu'il voulait.

Or voilà que cet hédoniste, ce séducteur, est assez épris de sa dernière conquête pour lui faire acquérir les connaissances dont il la juge digne. Il ne se borne pas, comme le font ses pareils, à payer uniquement « ce qui se voit ». Ayant pressenti qu'il y a en Marie, « arbrisseau d'une sève choisie », un désir de ne pas rester où le hasard l'a placée, il s'occupe de ses leçons de français et de maintien, et lui fait cadeau de ses premiers livres. Rapidement, elle enrichira sa bibliothèque d'ouvrages qui ne ressemblent en rien à ceux qu'affectionnent habituellement ses semblables. On y trouvera deux cents volumes dont les titres ne laissent pas que de surprendre. Des classiques pour la plupart, Rabelais, Molière, Cervantès. *La Nouvelle Héloïse* et

Manon Lescaut sont ses œuvres de prédilection. De deux sources différentes, nous apprenons que le chef-d'œuvre de l'abbé Prévost est annoté de sa main, et même, d'après Gustave Claudin, qu'elle aurait collé dans les marges des bandes de papier pour ne pas abîmer l'ouvrage imprimé. On ne retrouvera pas cet exemplaire précieux, il serait passé en Angleterre...

On voit à l'évidence les affinités qui existent entre Marie Duplessis et le personnage de Manon, son double du siècle précédent, sa sœur dans le libertinage, sinon dans la détresse.

D'autres lectures figurant sur les tablettes de la jeune femme sont autrement surprenantes. Celle qu'on juge parfois comme une personne inconséquente s'attaque à la *Biographie universelle* de Michaud et à l'*Histoire de France* de Théodore Burette.

Elle s'intéresse aux auteurs de son temps. Eugène Sue, dont elle se sent particulièrement proche, et Victor Hugo, Lamartine, Musset, qui ont dû faire chanter en elle la corde sensible. La fraîcheur de son enthousiasme réjouit l'amant pédagogue...

On a prétendu qu'Agénor aurait reçu de Rachel « le goût des lettres » ; c'est peu probable : d'abord il n'a fait que passer dans l'alcôve de la tragédienne ; en second lieu, bien que géniale sur la scène, à la ville la princesse de la Comédie-Française possédait un bagage littéraire des plus succincts.

Marie, malgré son air de « desesperanza », ne tombe pas dans la sombre jouissance de l'aversion de la vie où s'enferment les romantiques. Sa jeunesse misérable lui a permis d'épuiser tous les dégoûts ; « la soif croissante d'émotions fortes » qui est selon Stendhal le vrai caractère du XIXe siècle n'est pas pour elle...

Elle craint trop la mort pour pleurer sur celle du Didier de *Marion Delorme* ou faire chorus avec les sensitifs exacerbés tels que Maurice de Guérin, tous affligés « d'un chagrin indéfini, vague et profond » qu'on qualifie d'idiosyncrasie. Elle n'est pas fille à porter en elle le « soleil noir de la mélancolie » cher à Nerval. Étant dans les heures bénies de toutes les découvertes, non encore dans celles de la satiété, Chateaubriand, Goethe, Byron, ces « colosses de douleurs » ne la font pas rêver. Ce qui la fait rêver c'est la vie. La vie qu'elle mène avec son mentor et les nuits d'ivresse qu'elle goûte entre ses bras. Elle est du côté de sa génération, celle à qui l'amour apparaît comme le but et la raison mêmes de l'existence.

C'est un lieu commun d'avancer qu'une courtisane se moque de ses sens et ne s'allonge que dans des intentions vénales. Marie Duplessis connaît l'amour physique, ainsi que la plupart des êtres atteints, comme elle, de tuberculose. Si nous en doutions, il nous suffirait d'écouter Dumas fils parler de la « brûlante amoureuse prompte à tous les plaisirs tordant sous les baisers son corps éperdu ».

Si elle est presque toujours déçue par les hommes qui ne répondent pas à ce qu'elle attend d'eux, elle est assez intelligente pour prendre au vol ce qu'ils sont capables de lui apporter. Elle va rencontrer, grâce à Guiche, des esprits brillants, des hommes de lettres et surtout des lions parisiens, membres du

Jockey Club dont les quartiers de noblesse et la fortune l'attireront irrésistiblement, et qu'elle saura soumettre.

Aidée de son visage de Madone, elle se recommande par une « fraîcheur désespérante, une candeur à irriter le désir chez un mourant »... On peut mesurer l'effet qu'elle procurait sur « certaines imaginations déréglées, imaginations si charnelles, selon Barbey, qu'elles sentaient le feu du désir en regardant les cils baissés des vierges de Raphaël... ».

L' « Antinoüs de 1840 » ignore ce genre de perversités et fait l'amour à sa maîtresse de toute la fougue de son jeune âge. Les confidences, après l'extase, des amants repus font partie des instants charmants du commencement de la passion, quand, s'y livrant sans fin, ils vont à la découverte l'un de l'autre.

Agénor, pour Marie, décrit sa vie quotidienne en exil avec la famille de Charles X. Compagnon d'études du duc de Bordeaux, il s'était ennuyé à mourir au château de Buschtirad malgré l'arrivée de Chateaubriand, venu saluer Henri V pour ses treize ans, âge de la majorité royale.

Quant à Marie, elle prend soin de parler plutôt de son aïeule Anne Dumesnil que de la guenuchetonne et préfère évoquer la figure du seigneur de Narbonne descendant de cheval pour la séduire, que celle de son Sorcier de père.

Agénor prend le relais en brossant le portrait de sa mère, la duchesse de Gramont, apparaissant un jour d'hiver vêtue de blanc dans un traîneau en forme de cygne.

Et comme un brin d'attendrissement ne saurait

nuire aux épanchements des amoureux, la petite Nonantaise pleure sur celle qui a dû l'abandonner quand elle avait quatre ans, en taisant adroitement les raisons du départ précipité de la femme de Marin et l'enfance sordide qui s'ensuivit.

Ravis d'eux-mêmes, s'étant donnés l'un à l'autre, corps et âme, les deux amants, au petit matin, s'endorment dans les premiers bruits de Paris.

La fleur des pois

« Le dandy est un oseur, mais un oseur de tact qui s'arrête à temps et qui trouve entre l'originalité et l'excentricité, le fameux point d'intersection de Pascal. »

Jules Barbey d'Aurevilly

APPAREMMENT, il ne manque rien à Marie Duplessis pour être heureuse. Elle vit dans un grand confort, elle a maintenant une femme de chambre, des bijoux, des robes et réalise l'un de ses rêves : se prélasser dans la baignoire d'eau chaude apportée à domicile par les Auvergnats ; elle accompagne Guiche au *Café de Paris* ou chez *Tortoni*, monte à cheval au bois, non en amazone mais en culotte de peau et bottes de cuir, se rend aux Variétés ou aux Italiens où sa beauté fait sensation, soupe au *Café Anglais* et, tard dans la nuit, s'embarque pour Cythère, mêlant au casque d'or de son amant le sombre manteau de ses cheveux.

Pourquoi cette histoire va-t-elle tourner relativement court ? En effet, qu'il s'agisse de trois mois ou de douze selon les témoins du temps, les amours de

Guiche et de Marie ne vont certainement pas au-delà de la fin de l'année 1840.

Un lion peut-il être amoureux ? On prétend qu'il ignore les folies de la passion comme il en dédaigne les niaiseries. Est-ce parce qu'il est le « roi » de cette parcelle de la société qu'on appelle le monde ? Ou n'est-ce pas plutôt qu'il n'est passionné que de sa propre nature, et pense, comme Barbey, que les « bras les plus tendrement fermés sur vous sont encore une chaîne » ?

S'il prétend aimer le jeu, le vin, les femmes et surtout les chevaux, il possède sa maîtresse au même titre que sa voiture, pour éclabousser les passants ; s'il dîne au *Café de Paris* c'est parce que ses salons sont les plus en vue de la capitale. D'ailleurs, comme dit fort bien d'Alméras, « il n'a pas la prétention de boire, mais de vider un grand nombre de bouteilles, ce qui est différent ».

Dans l'intérêt qu'il porte à sa maîtresse entre certainement le désir louable de la hisser jusqu'à lui ; mais, en faisant de la jeune fille son propre reflet, il répond à une tendance narcissique évidente. Il l'a façonnée mais veut exposer son chef-d'œuvre. Marie le comprend bientôt. Naïve, elle avait cru d'abord qu'il ne s'agissait que d'amour ; elle entrevoit que de la prodigalité du mâle la vanité n'est jamais absente. Avant de tendre le miroir à sa maîtresse, Agénor de Guiche s'y contemple avec satisfaction. En vrai dandy qui se respecte, il se lève vers neuf heures et demie, passe deux heures à sa toilette, puis déjeune et sort, pour aller voir chez Drake les chevaux qui viennent d'Angleterre. N'oublions pas qu'il est le neveu du comte d'Orsay et de plus enfant d'émigrés, donc à la pointe de la « fashion » car l'anglomanie emporte dans le courant des eaux de la Tamise toute la rive droite de la Seine. On a un « groom » pour ouvrir et fermer les portes, un « jockey » pour escorter au bois, on monte en courses comme à Epsom. Marie en robe écossaise boit du thé pendant qu'Agénor s'adonne à l'escrime, et change trois fois par jour de gilets... importés de Londres, cela va de soi. C'est ainsi qu'on est plus que « du monde », dans le vent de la mode.

Villemessant précise bien qu'à cette époque et malgré la mode, le mot « high life » n'est pas encore passé dans le langage du continent. On dit : « Est-il du monde ? » Tout ce qui n'est pas du monde n'existe pas. Or, Guiche navigue entre le faubourg Saint-Germain — le vrai monde — et le Boulevard élégant. Son visage exprime un dédain souriant, sa cravate noire est fixée par une épingle de prix et il tient à la main une canne légère à pommeau d'or. Malgré la redingote trop pincée, cette liberté d'allure, accompagnée de l'air absent qui sied au lion, permet à la jeunesse dorée de s'afficher sans honte avec celles qu'Arsène Houssaye appelle « les hautes coquines ».

Marie ne fait pas encore partie de ces femmes ; elle n'est qu'une « biche », mais une biche affamée qui croque en trois mois plus de 10 000 francs-or à son amant.

Si on veut bien nous passer la trivialité de l'expression, Agénor est entre deux chaises. En effet sa position financière ne peut ni lui permettre d'obtenir la main d'une riche héritière du faubourg Saint-

Germain, ni d'entretenir les besoins d'une courtisane qui fait ses classes.

« C'est qu'au bout du bras d'un gentilhomme il n'y a qu'une main loyale… mais vide », écrit Roqueplan.

Que peut faire d'une main vide Marie Duplessis ? Elle est dans l'engrenage. Il lui est impossible de reculer. Elle sait qu'elle n'a d'autre recours que celui de ses charmes.

Guiche a ouvert la voie. Celle que « l'époque » dépeint comme « la plus charmante des vierges folles » n'aura qu'à chasser sur le bon terrain, l'élite de la capitale, la fleur des pois.

Ces hommes ont un nom, de la fortune, du temps à perdre et de l'argent à jeter ; si bien qu'en passant avec grâce de l'un à l'autre, Marie aura l'impression de rester dans la même famille. Une famille au sein de laquelle elle n'entrera pas vraiment car si, comme l'avance Baudelaire, « les amants des courtisanes sont heureux, dispos et repus », ils ne vont pas pour autant jusqu'à épouser ces demoiselles.

Un seul la fera comtesse *in extremis*, Édouard de Perrégaux, l'homme qui sans doute l'a le plus aimée. Marquée dans sa prime jeunesse par sa triste expérience avec le septuagénaire Plantier, Marie, pendant les années qui suivent, se livrera à des hommes d'une extrême jeunesse, chacun d'eux étant le représentant d'une caste ou d'un fleuron social marquant l'éclectisme du choix de la belle fille. Qu'il s'agisse d'aristocratie avec le descendant des Gramont, de finances avec l'héritier du richissime Aguado, de politique avec Édouard fils du préfet de Police Delessert ou de Pierre, cadet du maréchal de Castellane pour ne citer que ceux-là, ils dépassent de peu les vingt ans quand ils se laissent prendre aux enchantements de « la fée aux yeux de velours ».

Leurs pères, tous mariés, sont peu soucieux de jeter l'opprobre sur leur ménage, alors que les fils ont encore toute latitude pour dilapider la pension paternelle avec des créatures « dispensatrices des plus grands désordres d'amour ». Les parents tolérants, sachant parfaitement qu'un jour viendra où la raison prendra le pas sur la dissipation, tiennent en réserve à l'intention de leurs héritiers un ou deux partis convenables. Certes, le fiancé ne goûtera pas entre les bras de sa future les emportements passionnés découverts dans les draps de l'une de ces créatures dont une jeune fille ne parle qu'en baissant les yeux ; fidèle et soumise, elle sera une mère attentive, fera de la tapisserie, participera de loin aux œuvres de charité, et en digne épouse ne s'intéressera à rien d'autre. Nous sommes encore au temps où le duc de Wurtemberg disait à la duchesse qui osait lui parler des affaires de l'État : « Madame, nous vous avons prise pour avoir des enfants, non pour nous donner des conseils », réflexion inspirée des théories antiféministes de Napoléon.

Mme de Staël a su défier l'ostracisme impérial, mais à quel prix...

D'autres femmes ont dominé le XIXe siècle et se sont libérées par la force de leurs passions. Marceline Desbordes-Valmore par la poésie, Mme Récamier par l'amour des lettres, George Sand par son talent de romancière et son féminisme ainsi que Mme de Girardin, Louise Colet, sans parler d'actrices comme

Mlle Mars, Marie Dorval et Rachel. Mais les actrices ont eu de tout temps un statut à part dans la société.

Les jeunes gens préfèrent les lionnes et les cocottes aux jeunes filles chastes, probablement par défiance de la captivité conjugale. Ils choisissent la courtisane parce qu'elle n'a ni nom, ni caste, ni famille, même si le second romantisme est plus réaliste que celui de la première Restauration, et remplace le fameux « mal du siècle » par la crise de confiance dans la société... « Tout est indifférent à tout », écrit Théophile Gautier. On refuse le monde présent de cette société, et pour dédaigner ses valeurs on s'en va vers le rêve.

Marie Duplessis rêve aussi, mais plus pour échapper à l'idée de l'argent qui la rabaisse, qu'à l'argent lui-même dont elle se sert.

Cette quête, presque identique à celle du drogué recherchant la « défonce » qui le tue, l'entraîne dans une vie effrénée de plaisirs dont l'issue sera fatale. « Le plus grand éloge qu'on puisse faire à Marie Duplessis, dira Paul de Saint-Victor, c'est qu'elle mourut à la peine, c'est que son âme eut bien vite assez de la vie que menait son corps et qu'elle le tua pour en finir. » Et afin de maintenir le rempart de la morale, il brosse, comme plusieurs de ses collègues journalistes, un portrait bien dégradant de la fille à scandale soumise à « cet esclavage de bazar qui change de maître, cette captivité dans le plaisir où le dégoût veille au seuil de l'orgie comme le nègre hideux à la porte du harem ».

Vision infernale, grandiloquente littérature de feuilleton dans l'exagération de laquelle on ne peut guère reconnaître la distinction et la réserve de Marie, semblable plutôt à l'une de ces « beautés anglaises qui rêvent, dans les keepsakes, accoudées sur un vase, aux faibles palpitations de leur cœur ».

Pâle, mystérieuse, voire lointaine en public, dans l'intimité de son salon Marie Duplessis est une autre. Son âge, sa gaieté parfois excessive reprennent leurs droits ; elle peut alors, selon son caprice, chanter, en s'accompagnant au piano, des chansons libertines, danser follement et boire trop de vin de champagne. Ses lèvres humides s'entrouvrent pour le rire, ses yeux étincellent, prometteurs, au-dessus du verre de vin d'Aï. Elle semble se donner, se reprendre tour à tour, dans un jeu de séduction d'autant plus habile qu'il a toutes les allures de la spontanéité. Femme de neige devenue soudain femme de feu, comment ne serait-elle pas désirée, adulée, adorée ?

L'homme captivé, voyant cette créature longue et mince, qui s'habille à ravir et possède une voix à « faire mourir toutes les femmes de mélancolie », a la tête tournée. On l'aurait à moins. On comprend aisément que, recevant dans ses bras ce chef-d'œuvre de féminité, il n'hésite pas à puiser dans son escarcelle le tribut d'une juste reconnaissance. Avec l'aisance d'un enfant qui reçoit un cadeau, Marie Duplessis accepte aussi bien de « l'amant » du moment l'extraordinaire caisse d'oranges dont chaque fruit est entouré d'un billet de 100 francs que le bijou de grand prix laissé discrètement dans un écrin de velours bleu posé sur sa coiffeuse.

Toujours au nom de la morale il convient pour les journalistes de démontrer dans leurs feuilles que ces filles de joie sont bien plutôt « filles de tristesse » et qu'elles ne peuvent tirer de leur commerce honteux qu'amertume et écœurement.

La tristesse viendra assez tôt chez Marie quand s'annonceront les premiers signes de la phtisie. Pour l'instant, elle n'a pas dix-huit ans, l'âge de la légèreté, de l'insouciance chez une jeune fille, de quelque milieu qu'elle sorte.

Marie, n'en déplaise aux pudibonds et aux prudes, s'amuse follement ; elle a gommé son passé rude de paysanne et de grisette. Elle assouvit sa soif de parures et aussi et surtout cette « soif de paraître » que lui enseignent les dandys, ses véritables maîtres, amants souvent sélectionnés avec art. C'est par là très exactement que se définit la courtisane : elle est moins qu'une maîtresse parce que son amour est vénal et plus qu'une prostituée parce qu'elle choisit ses soupirants.

« Dis-moi le nom de tes amants je te dirai qui tu es. » Avant d'en apprendre davantage sur l'identité de ces messieurs, il convient d'abord de se faire une idée de ce qu'était alors le Jockey Club, puisque c'est le creuset dans lequel notre impure puisait de quoi satisfaire sa double volupté, celle de l'or et celle du monde.

Parmi les membres fondateurs de la « Société d'encouragement pour l'amélioration des races de chevaux », créée en 1833, on relève les noms du célèbre banquier Laffitte, du prince de la Moskova, gendre du précédent et fils du maréchal Ney, du comte Anatole Demidov, futur époux de la princesse Mathilde, cousine de Napoléon III, et de Lord

Seymour, l'un des plus éclatants fashionables parisiens qui contribua pour une très large part au développement des courses en France. Ce fut son plus grand, son seul mérite selon Alméras. On s'obstinait à le confondre avec Milord l'Arsouille en raison d'une ressemblance qui le gênait fort, et contre laquelle il protestait avec véhémence. Chacun sait que le fameux dandy à l'allure douteuse qui fréquentait les bouges s'appelait en réalité Charles de La Battut et n'était qu'un « dogue anglais qui essayait de se faire passer pour un lion »...

Ces hommes passionnés de chevaux sont en quelque sorte les prédécesseurs des amants de Marie.

Ils ont instauré les règles du Club et ont présidé à l'aménagement luxueux de leur cercle, dans l'hôtel situé au coin de la rue de la Grange-Batelière qu'avait habité avant la Révolution un riche financier nommé De Laage. Sous la voûte qui conduit de l'actuelle rue Drouot à la cour du fond de l'hôtel, on monte au premier étage par un bel escalier de pierre aboutissant à une vaste antichambre où se tiennent rangés six à huit valets de pied, vêtus de l'habit bleu à la française, du gilet et de la culotte rouges ; ils portent les bas blancs et les souliers à boucles en cuivre doré assortis aux boutons de la livrée, montant la garde près de la puissante balance qui sert de pesage aux jockeys.

Dans le salon de soie bouton-d'or se jouent les grosses parties de whist. Il est impérativement recommandé d'y faire silence, alors que celui du billard est des plus bruyants. Des défis inattendus s'y échangent... Nous en trouvons l'exemple le plus insensé, le plus original, dans celui gagné par Charles Laffitte contre le comte de Chateauvillard, les deux adversaires ayant décidé de jouer leur partie de billard à cheval, montés sur des poneys auxquels ils avaient préalablement fait gravir, en selle, les marches de l'escalier.

Il se dépense beaucoup d'argent au Club mais aussi, comme on le voit, beaucoup de gaieté et d'inventivité. En dehors de ces jeux sportifs ou de ceux, plus calmes, du piquet, du whist et du trictrac, le règlement interdit les jeux de hasard : ni roulette, ni trente-et-quarante au Jockey Club. Au bésigue, le plus fort joueur est Fernand de Montguyon.

Deux salles à manger permettent aux dîneurs de passer directement après la collation dans leur loge d'Opéra (ils sont presque tous abonnés). Certains font partie de la fameuse « loge infernale », la loge d'avant-scène n° 1. Ils ont la possibilité de s'y rendre rapidement par un passage aussi couvert que secret entre la rue Drouot et la rue Le Peletier. C'est précisément Montguyon qui en est le fondateur et le premier locataire. Non pas Edmond de Montguyon, brillant officier d'état-major, aide de camp du duc d'Orléans, mais son frère Fernand, un « viveur raffiné, véritable oracle du corps de ballet, spirituel mordant, dissipateur ». C'est au vacarme qui se déchaîne sous son égide que la loge en question doit son titre…

En effet, quand la musique leur paraît faible ou les pas des danseuses mal réglés, ces messieurs protestent sans discrétion, Paul Daru et Jules Delamarre en tête. Montguyon s'amuse comme un fou et ne fait rien pour démentir les ragots de province selon lesquels la loge infernale est le lieu de toutes les dépravations qui, on le sait, riment avec damnation.

C'est pourtant un titre d'en faire partie, comme d'être du Jockey, ou des bals des ducs d'Orléans et de Nemours. On y voit passer Nestor Roqueplan, Aguado, Narbonne-Pelet, le marquis du Hallays, MM. de La Valette et Lautour-Mézeray né à Argentan à quelques kilomètres de Nonant qui fit ses études avec Émile de Girardin. Il fonda avec lui *Le Voleur*, journal littéraire et artistique, puis *La Mode*, journal auquel participèrent Alphonse Karr, Nestor Roqueplan, Eugène Sue, George Sand et même le docteur Véron, son ami ; il se lia d'amitié avec Balzac, tenta de donner vie au *Figaro* et créa le premier *Journal des enfants*. Les jeunes abonnés recevaient l'imprimé entouré d'une bande sur laquelle ils pouvaient lire leur prénom : « M. Gustave » ou « Mlle Odile ». Le journal contenait une excellente littérature juvénile. Certaines histoires fameuses ont réjoui la jeunesse d'alors : « Les Aventures de Jean Choppart », « Les Petits Neveux de Gulliver », etc. La célébrité de l'auteur lui vient surtout de la fleur qu'il porte chaque soir à la boutonnière et qui lui valut, bien avant l'arrivée de Marie Duplessis, le surnom de « l'Homme aux camélias ». Il se ruine chaque jour pour cette fleur de luxe qui ne coûte pas moins de 5 francs pièce.

On a une idée de ce que devaient valoir les parures de Marie si l'on se réfère aux factures des fleuristes.

« Chaque jour, rapporte Arsène Houssaye, on l'emprisonnait dans une forteresse de camélias, le matin on en jetait des brassées par les fenêtres. »

Agénor de Guiche, « le lion pur sang du boulevard des Italiens », fait partie du Jockey Club depuis trois ans déjà, quand il présente un soir le joyeux Fernand de Montguyon à Marie Duplessis. Les occupants de la loge reçoivent souvent aux entractes lionnes et hautes coquines... Quand la jeune courtisane aura pris son essor, elle n'aura besoin de personne pour venir plaisanter avec le docteur Véron, avec le dandy qu'est Roger de Beauvoir ou avec Eugène Sue dont les premiers épisodes des *Mystères de Paris* commencent à paraître en feuilleton. Il a beau être le filleul d'Eugène de Beauharnais, son socialisme ne le gêne pas plus que son dandysme. Il habite rue de la Ferme-des-Mathurins, aujourd'hui rue Vignon, un appartement très luxueux et il est fasciné par Barbey, le « connétable des lettres », aux idées politiques opposées aux siennes, parce que l'écrivain se permet des audaces vestimentaires « ruisselantes d'inouïsme », pour reprendre un mot de Xavier Aubryet.

C'est Eugène Sue, dont l'imagination s'embarque un jour sur les ailes de la mythologie, qui surnomme Agénor de Guiche « l'Antinoüs de 1840 ».

L'oncle d'« Antinoüs », le beau d'Orsay, figure, cela s'entend, sur la liste des membres du Jockey, un an avant son neveu, dont il devient ainsi le parrain. Celui qui fut « beau jusqu'à sa dernière heure » n'est cependant pas pour Barbey un dandy grand teint comme Brummell. S'il n'est pas cette chose anglaise, la raison en est simple, dit l'auteur de *L'Ensorcelée :* « La lymphe, cette espèce d'eau dormante qui n'écume que quand la vanité la fouette est la base physiologique du dandy, et Orsay a le sang rouge de France. »

Alfred de Montjoyeux, au nom prédestiné, est inscrit non loin des sigisbée et lady Blessington. Johannès Gros laisse entendre que Montjoyeux aura été plus qu'un ami pour Marie Duplessis. Nous n'en savons rien, sinon qu'il fut de ceux qui, à sa mort, suivirent le « blanc convoi ».

En revanche, il n'y a pas de doute sur le seigneur de Nonant, le vicomte Théodoric de Narbonne-Pelet qui ne deviendra duc, à la mort de son cousin, qu'en 1855. Selon toute vraisemblance, son appartenance au Jockey Club lui vaudra sa rencontre avec l'ancienne marchande de parapluies de Gacé.

Il ne fera certainement pas le rapprochement entre la petite Nonantaise et celle qui est, dit-on, « trop jeune pour une lorette, trop distinguée pour une grisette, trop réservée pour une actrice ».

Mais Narbonne-Pelet n'est pas parmi les signataires d'un acte curieux auquel Marie se trouve mêlée par la malice de ces messieurs. Il s'agit d'une réclamation, déposée selon l'usage sur un cahier exposé à cet effet dans la bibliothèque réservée aux non-fumeurs. Les soussignés, las de voir chaque soir M. de V., un de leurs compagnons, emporter chez lui le journal anglais *Le Globe,* demandent instamment qu'il soit engagé à s'abonner audit journal.

À la suite des signatures de Jules de La Grange, de F. de Montguyon, de A. de Morny, de Belgiojoso, s'ajoutent, après cette inscription : « Et ce n'est pas tout ! », celles du comte de Gontaut-Biron, de Sabatier, de Los Lanos et du marquis de La Sourdière.

Ajoutant la farce à la plaisanterie, une main habile a tracé au bas de la feuille le nom de leur « charmeresse » à... presque tous : Marie Duplessis. La main d'une personne en tout cas assez intime pour reproduire parfaitement la signature insolite. C'est sans nul doute le seul nom de femme qui figurera jamais dans les annales du Jockey Club.

Ce qui n'empêche par Marie Duplessis de se mouvoir avec aisance parmi les dandys que Chateaubriand ne pouvait souffrir, les ayant vus de trop près en Angleterre. « Rien ne réussissait à Londres comme l'insolence », dit-il non sans mépris, mettant dans le même sac le comte d'Orsay et son beau-frère le duc de Gramont qu'on appelle le Beau Bête.

Mais Orsay, à l'encontre de Brummell, secouait la monotonie britannique et l'ennui respectueux dont elle était engoncée. Dans cette tristesse latente il apporta sa gaieté et son esprit, fut impertinent, éloquent, cordial, bref il fut « français à miracle », imposant son goût et ses fantaisies vestimentaires.

On raconte qu'un jour, revenant de promenade à cheval, il fut surpris par une pluie torrentielle. Craignant de s'enrhumer, il avisa un matelot, couvert jusqu'aux genoux d'une longue veste en drap épais appelée paltok. L'homme ne semblait pas souffrir de l'averse. « Veux-tu me vendre ton habit, mon brave ? Voici dix guinées... » Une demi-heure plus tard, nous dit Jacques Boulenger, il fit son entrée à Hyde Park, revêtu de la veste du marin passée sur son costume, créant ainsi le « paletot » que les cavaliers britanniques adoptèrent fièrement quelques jours plus tard. Après la mort subite de Lord Blessington, Orsay vécut avec sa veuve une existence à la fois mondaine et blâmée. Ils formaient un couple singulier et platonique. Malgré les rumeurs scandaleuses, ils recevaient dans la belle demeure de Gore House une société presque uniquement composée d'hommes, où se rencontraient, à côté de l'ambassadeur Lord Stuart de Rothesay, du duc de Hamilton et de Lord Pembroke, des littérateurs comme Charles Dickens, Carlyle, le jeune Disraeli, des acteurs comme Charles Kemble.

Orsay aimait le théâtre et les arts ; il peignait lui-même ; il fit le portrait de son neveu Agénor de Guiche et il sculpta un buste de Lamartine qui passe pour être son chef-d'œuvre.

A Gore House, les Français sont toujours bien reçus : Eugène Sue, Frédérick Lemaître, Rachel, Adolphe Adam et Alfred de Vigny sont des habitués de la maison, mais l'un des plus fêtés c'est Louis Napoléon Bonaparte. « Il a le buste long, les jambes courtes, la figure inexpressive et morne, sa parole est lourde, gutturale avec un très léger accent exotique et ses yeux d'un bleu-gris ont un regard terne, vague, éteint. » Il est très intelligent et garde une foi en son étoile qui le mènera sur le trône. Depuis son arrivée en Angleterre, il est fort lié avec le « Beau d'Orsay » qui l'appelle en souriant « le prince taciturne ». Le futur Napoléon III n'oubliera ni l'hospitalité ni l'amitié de l'oncle d'Agénor, et sa reconnaissance s'étendra jusqu'au neveu, dont il fera la carrière politique.

Devenu duc de Gramont à la mort de son père, Agénor occupera d'importants postes diplomatiques, puis, consécration suprême, se retrouvera ministre des Affaires étrangères et se verra accusé d'être l'un des grands responsables du désasre de la France en 1870, en raison de sa politique imprudente vis-à-vis de la Prusse. Et l'on ne peut que sourire en lisant ces quelques lignes de l'ex-dandy devenu diplomate : « Les Parisiens sont trop portés à croire que le monde commence au boulevard Montmartre et finit à la cascade du Bois. » Si les Parisiens sont trop portés à le croire, Agénor, lui, a oublié qu'il en fut l'un des « flâneurs », tant il est vrai que la fonction fait l'homme.

Mais les Gramont mettront un curieux point d'honneur à revendiquer l'aventure de leur ancêtre avec la fille de marbre dont il fut le compagnon. Constantin de Grunwald le confirme :

« *La tradition familiale est formelle : c'est cette liaison passagère qui fournit à Dumas et à Verdi la trame de leurs œuvres célèbres. C'est le jeune Guiche qui servit, en déguisement bourgeois, de prototype à Armand Duval et c'est un de ses oncles, auquel le romancier a substitué le père, qui intervint pour mettre fin au scandale et peut-être même à un mariage prochain.* »

S'agit-il d'Orsay ? On le voit mal dans ce rôle ; vivant en Angleterre, il se soucie plus de montrer au monde, à travers fêtes et dîners, ses atours et son inaltérable beauté, que de venir à Paris veiller sur la bonne conduite de son neveu. Ce que nous savons, pourtant, c'est qu'il y eut conspiration familiale pour éloigner Guiche. En effet, vers cette date, il gagne l'Angleterre et se rend chez les Blessington ; il refera une ou deux apparitions à Paris, avant de tirer des brumes d'Écosse dont elle a la froideur sa future épouse, Emma Mac Kinnon du clan des Mac Kinnon.

Un autre témoignage, plus tardif celui-là, corrobore vers 1889 les allégations de la famille, celui de William Osgood Field : « Feu le duc de Gramont a servi de modèle à Dumas fils pour son Armand Duval, écrit-il. Bien sûr l'original de Marguerite est Marie Duplessis, une fameuse demi-mondaine qui était follement amoureuse du " Bel Agénor ". Tout cela se passait avant mon temps, mais je l'ai appris de la bouche même de Dumas. »

Si le romancier le dit, comment ne pas le croire ? Bien que Dumas, dans son orgueil d'auteur, ait bien souvent émis des assertions éloignées de la vérité. En particulier quand il dit avoir inventé la passion de Marie pour les camélias.

Toutefois il est possible que la belle n'ait pas été appelée de son vivant la « Dame aux camélias » et que l'ouvreuse de l'Opéra lui donnant ce surnom ne soit qu'une légende. Mais, de légende, en ce qui concerne ce personnage mythique, ce ne sera pas la dernière à laquelle nous nous heurterons. En faisant l'impossible dans notre recherche de la vérité, certains points obscurs nous obligeront parfois à nous en remettre aux rumeurs du temps, ou aux traditions orales.

En revanche le baron de Plancy, dans ses Mémoires, ne nous cache pas, par exemple, que les Armand Duval se comptaient à la douzaine au moment de la sortie du roman. C'est ce que lui avait assuré Clémence Prat, la « pourvoyeuse » de Marie qui malgré tout penchait aussi pour Agénor comme modèle du héros de Dumas. Plus simplement et comme il est de coutume chez la plupart des écrivains, Dumas s'est servi de Guiche mais il y a mêlé, pour composer son personnage, beaucoup de lui-même.

Charles Du Hays est plus réticent, même si l'action de Guiche est historique selon lui. Mais, fidèle aux Bourbons, il juge les Gramont « peu sympathiques, ondoyants et divers », allusion sans doute au ralliement d'Agénor aux Bonaparte que les légitimistes jugeaient impardonnable.

Du Hays est particulièrement irritant, dans son système de douche froide, assurant d'abord qu'il connaît le nom de tous les amants de la dame pour annoncer ensuite que le secret mourra avec lui. Tantôt il blâme Marie, tantôt il l'absout et vante son cœur pur et sans détour. Sans détour certes, quand, légère et sachant alléguer avec grâce la fortune de ses amants, elle avoue comme une profession de foi :

« Tout ce qui est beau me plaît et tout ce qui me plaît je le veux. On sait que je dépense tout ce que j'ai, même ma vie et même tout ce que je n'ai pas c'est-à-dire l'avenir. »

Poignante vision d'un avenir que sept ans de plaisirs, de faste et d'ennui séparent du monde inconnu qui nous attend tous.

À fleur de peau

« La beauté portée à ce point est une infortune en ce qu'elle devient quelque chose de semblable à une profession. »

Alfred de Vigny

MARIE Duplessis, en qui Janin voit l'un des mystères de son temps, a-t-elle été mère ? Et si oui, qui fut le père de l'enfant ? Une énigme de plus à déchiffrer dans une existence qui en est déjà pailletée. Nous savons de façon certaine que Paris sera privé plusieurs mois de son étoile en cet an de grâce 1841.

À peine vient-elle de fêter son dix-septième anniversaire le 15 janvier, que le 8 février suivant Marin Plessis rend au diable sa vilaine âme au hameau de Ginai dans le canton d'Exmes.

« Rongé sur son grabat par la vermine, il mourut comme un paria dans une abominable misère », écrit avec emphase Romain Vienne qui se plaît souvent à noircir le tableau.

Ce n'est pas la vermine mais bien la syphilis qui a fait mourir Plessis à l'âge de cinquante et un ans. Son acte de décès l'atteste, il n'est pas absolument seul ;

deux hommes sont auprès de lui, Louis Métayer et Urbain Cardon ses voisins, tous deux domiciliés à la Cochère, section de La Roche où Marin Plessis est déclaré comme « journalier ».

C'est ainsi que nous avons la conviction que le duc de Narbonne-Pelet, usant jadis sur Alphonsine du droit du seigneur, employa le père quand il revint de Paris, y ayant abandonné sa fille aux Vital. Est-ce pitié de la part du duc, est-ce reconnaissance ou arrangement, qui peut le savoir ?

À la mort de Marin Plessis, Alphonsine bien que menant une vie extrêmement libre, n'est pas majeure. Elle est donc placée, par acte dressé au greffe du juge de paix de Saint-Germain-de-Clairefeuille, sous la tutelle de son oncle Louis Mesnil. Nous n'avons pas trace de sa venue pour l'enterrement d'un père qu'elle avait toutes les raisons de détester, mais qu'elle défendait fermement quand on attaquait sa déplorable réputation.

Elle débarque à Nonant vers la fin du mois de juin pour une raison tout autre que celle des papiers de tutelle à signer. Elle se fait reconnaître de Mme Vienne et lui confie que sur la recommandation du médecin elle vient se reposer au pays après avoir accouché à Versailles d'un petit garçon. Le père est un vicomte mystérieux qui pourvoit de loin, à raison de 100 francs par semaine, aux besoins de la jeune accouchée. À Versailles aucun enfant de M. Plessis ou Duplessis n'est porté sur les registres. Le vicomte décidera d'élever l'enfant en Bourgogne, dit Romain Vienne.

Si l'on s'en tient aux dates, Guiche aurait de fortes

chances d'être le fameux vicomte, si son dandysme et sa légèreté n'étaient en contradiction avec une attitude tant soit peu paternelle. Alphonsine a déjà d'autres amours, d'où une concurrence en ce qui concerne le géniteur de l'enfant qui interdit toute certitude.

La jeune mère elle-même s'en soucie peu. Délivrée de son fardeau, elle se réjouit d'aller embrasser les siens, sa sœur Delphine, les Mesnil, l'oncle Louis et tante Julie, les Boisards, les Du Hays.

Avant de trouver une carriole qui la mène à la Trouillère elle passe quelques jours à l'auberge, demandant pour elle et Rose, sa caméristé, la plus belle chambre, jolie suite de deux pièces avec alcôve au papier peint de fleurs et d'oiseaux amoureux en médaillons, qui, il y a peu de mois était encore visible et qu'on va hélas détruire, car, nous dit la propriétaire : « On va faire du moderne là-dedans, mes enfants s'en fichent pas mal de la Dame aux camélias ! »

Il nous a été permis de rêver devant l'immense portail par où entraient à l'écurie les berlines de voyage et les diligences dans la totalité de leur équipage, une fois les voyageurs déposés à l'entrée de l'auberge. On peut sans peine imaginer les pensées qui hantent l'esprit de l'ancienne paysanne venant de faire en sens inverse le chemin parcouru trois ans plus tôt, à pied, aux côtés du Sorcier. Au cours du trajet elle a eu tout loisir d'évoquer le temps des haillons et des vieux sabots.

Les badauds nonantais accueillent toujours l'arrivée de la malle-poste comme un événement. Cette fois ils sont comblés par l'apparition de leur ancienne payse quand elle saute du marchepied. Quelle grâce !... Blanche et rose dans la lumière de l'été, la masse de ses cheveux noirs retenue en arrière par un large ruban, un chapeau de paille à la main, elle gratifie le petit groupe de son sourire éclatant... un sourire qui semble dire comme Perdican aux paysans de son enfance : « Bonjour mes amis, me reconnaissez-vous ? » Certes ils la reconnaissent, mais elle n'est plus tout à fait des leurs, la « petite Plessis ». Elle fait maintenant partie des « dames » qu'elle voyait jadis descendre de diligence, comme elle aujourd'hui. Marie est naturelle et ne montre ni la familiarité exagérée, ni le mépris que font paraître certains parvenus ; c'est là qu'il est permis de reconnaître le sang de ses aïeux d'Argentelles, cette aisance des êtres de qualité face à toutes les classes de la société. À force de côtoyer ceux qui lui ont enseigné « les intransmissibles manières », Marie, ayant profité des leçons, s'étant frottée à l'aristocratie, sait maintenant ce qu'il faut savoir et s'en sert sans affectation.

Promenades dans la campagne, laitages frais et sommeil rédempteur vont avoir raison de la pâleur de la jeune accouchée... Le moins qu'on puisse observer est que son enfant ne paraît pas la préoccuper. À dix-sept ans peut-on avoir la fibre maternelle ? Et cette fibre existe-t-elle spontanément ? Élisabeth Badinter a bien analysé le sujet, nous démontrant qu'une femme ne naît pas obligatoirement pélican.

La découverte d'un monde nouveau dans lequel elle évolue, ses envies de luxe et de plaisirs s'accommoderaient mal pour la jeune impure de langes à changer et de tétées inconfortables.

Elle-même a été sevrée de l'amour de ses parents et ne peut reproduire ce qui ne lui a pas été donné.

Toujours dans le souci de ne pas « salir » une famille en vue, Vienne trouve la solution en expédiant le jeune garçon, car c'est un garçon, dit-il, dans un monde meilleur, affirmant que Marie n'a pas même demandé au père un certificat de décès. En dépit de toutes les hypothèses, de toutes les évaluations, de tous les calculs de probabilités, il a été impossible de découvrir l'identité de ce mystérieux vicomte.

De l'une des lettres qu'adresse Charles du Hays en 1885 à Gérard de Contades nous extrayons ce passage troublant à propos de la généalogie de la Dame aux camélias :

« *Mais je vous prierai de ne pas parler de son fils qui à coup sûr vit à cette heure, et que je suis certain d'avoir vu à mon bureau sous les traits et le nom d'un homme de grande maison du Stud Book ; il m'arrive de voir arriver dans mon grenier les hommes les plus mondains de France. Je ne pensais à rien qu'à mon travail lorsqu'un étranger entre et l'image de Mlle Plessis apparaît si nette à mes yeux qu'en faisant le calcul des années et la revue des tenants et des aboutissants, je me trouve dans un cas si probable de jugement [illisible] que je le formule à l'instant dans ma tête.* »

Le seigneur qui a pris en charge la vie de l'enfant lui aurait donc donné un nom et une position dans le monde.

Un second événement nous confirmerait l'hypothèse de la maternité de Mlle Plessis.

Delphine ayant épousé un certain Paquet à Saint-Évroult-de-Montfort voit un jour entrer chez elle un jeune homme efféminé de vingt-huit ans demandant à voir le portrait de Marie Duplessis ; il s'agit du fameux portrait de Vidal qui restera en possession de la descendante de Delphine jusqu'en 1960. Il le contemple longuement en silence avec une émotion visible puis remercie et se retire laissant sa carte : « Monsieur Judelet employé de commerce à Tours. »

Il est à peine sorti que Mme Paquet s'écrie : « Mon Dieu comme il ressemble à ma sœur ! » Les enfants de Delphine sont présents, ils trouvent à coup sûr que le beau jeune homme ressemble au portrait.

Delphine, qui regrette peut-être d'avoir en 1841 traité sa sœur de « mère de bâtard », écrit à la mairie de Tours. On lui répond que personne dans la ville ne porte ce nom... Et nous ne sommes pas plus avancés.

Romain Vienne rapporte que la petite Plessis, lors de son séjour au Merlerault, reçoit du père de l'enfant une somme de 100 francs par semaine envoyée par la poste pour ses menus besoins. Alphonsine les a employés à laisser quelque chose à sa sœur et à sa tante Julie qui a fait mettre à neuf pour elle la petite chambre de la Trouillère. En rentrant à Paris, elle exprime sa reconnaissance à son oncle Louis ; cette lettre inédite transmise par Jean

Darnel n'est pas la lettre d'une courtisane lancée mais plutôt celle d'une enfant, ce qui fera dire à Émile Henriot : « Sous les luxueux camélias j'aperçois une petite fleur bleue. »

« *Mon cher oncle,*

Je suis arrivée à Paris en bon port mais ma santé n'est pas encore très bonne, j'ai encore été obligée d'avoir le médecin depuis quelques jours. J'espère que celle-ci vous trouvera en meilleure santé que moi, je viens de recevoir une lettre que vous m'avez renvoyée et dans laquelle il y a un billet qu'il faudrait toucher à la poste à Nonant ; vous trouverez ci-joint ce billet que vous aurez la bonté d'aller recevoir, vu qu'il faut qu'il soit signé par vous (tuteur). Vous recevrez 100 Frs dont vous aurez la bonté de donner 10 Frs à ma sœur et vous me renverrez 90 Frs par la poste. Je vous envoye par la diligence une camisole que vous trouverez chez Madame Adam à Nonan (sic). *J'espère que ma chère tante se porte mieux, je le désire et vous embrasse de tout mon cœur, je suis pour la vie votre attachée nièce.*

Alphonsine.
12 nov. 1841. »

Ainsi Alphonsine a prolongé son séjour jusqu'en novembre quand « l'automne met son beau pied rougissant sur la terre ». L'humidité normande ne paraît pas lui avoir réussi et elle doit déjà avoir recours au médecin.

On voit à cette époque qu'elle ne roule pas sur l'or : la somme de 100 francs par semaine (environ

1 000 francs d'aujourd'hui) qui lui est nécessaire ne marque pas un grand train de vie...

Certes Marie n'est pas riche à proprement parler mais tout est relatif...

Il est bon de rappeler que si la somme de 100 francs par semaine paraît peu conséquente, on vit correctement en France à cette époque pour 40 francs par mois (environ 350 francs d'aujourd'hui). Il est facile d'avoir des domestiques : un valet de chambre est payé 600 francs par an et une femme de chambre 350 francs.

Marie Duplessis est donc relativement aisée mais ce ne sont pas encore les sommes folles que nous la verrons jeter plus tard à tous les vents.

Heureux temps où de 1815 à 1868 et malgré les révolutions qui secouèrent le pays, la valeur du franc est restée quasi constante !

À peine rentrée de Normandie, celle que nous appellerons définitivement Marie Duplessis, remise sur pied par les soins de son médecin, va reprendre sa place dans le tourbillon de la vie parisienne. Sa première sortie sera pour l'Opéra où, dans une robe de soie noire, la « couleur des sentimentales », elle ira saluer les locataires de la « loge infernale ». Quand elle y fait la connaissance du viveur un brin scandaleux qu'est Fernand de Montguyon, Marie a compris que ce n'est pas Guiche qui la fera entrer dans le monde auquel elle rêve d'accéder.

Agénor est parti en Angleterre. Elle recevra ce coup non comme une déception mais bien comme une trahison. Ce qui peut laisser entendre qu'il y eut de la part de son Pygmalion promesse non tenue.

Dès lors, la fleur du mal semée par Marin Plessis va se développer : Marie ne luttera plus contre le courant qui l'entraîne. Elle se voit elle-même comme « une fille perdue jouissant par sa beauté d'une situation exceptionnelle dans le monde de la galanterie ». Elle avoue crânement ne pas vouloir se faire ermite, ni renoncer aux satisfactions de sa vie insouciante ; de plus elle a l'hypocrisie en horreur. Est-ce sa faute si elle a perdu à quatre ans une mère qui l'aurait élevée dans le devoir, si elle a été livrée aux hasards du vagabondage ? À douze ans comme à quinze, avait-elle la responsabilité de ses actes ? Qu'il s'agisse de son père dénaturé, du seigneur de Narbonne-Pelet, du vieux Plantier ou du jeune Marcel, de quelle estime peut-elle honorer un Nollet ou un Guiche ? Elle sait que ce qu'elle gagne de luxe par le vice des hommes lui sera toujours reproché et pourtant, dit-elle parfois dans son bon sens normand : « C'est aux coupables et non aux victimes qu'il serait juste d'appliquer le châtiment. »

Tout à fait installée maintenant dans sa condition, elle s'occupe à décorer son appartement de la rue du Mont-Thabor d'où elle peut aller à pied se promener au jardin des Tuileries. Au bas de l'escalier, on peut voir aujourd'hui encore un des grands miroirs au cadre ouvragé qu'elle a fait fixer là, afin de jeter un dernier coup d'œil à sa toilette avant de sortir. On l'imagine descendant lentement les marches, sa main gantée de chevreau fin glissant sur la rampe. L'ancienne Nonantaise est charmée par l'image de la Parisienne que lui renvoie le miroir. Elle s'attarde dans cette contemplation, vérifiant avec soin l'ordonnance des boucles noires échappées du chapeau, retenu sous le menton par un nœud de satin.

Elle porte l'accessoire qu'elle préfère, un long châle de cachemire des Indes dont elle drape son corps svelte, d'assez près tout de même pour qu'on puisse en deviner la souplesse laissant échapper de chaque côté les larges volants d'une robe de soie.

Montguyon comme les autres en perdra le souffle... et une partie de sa fortune. Johannès Gros n'est pas loin de penser que son frère Edmond, « l'officier brillant », est passé également dans les bras de la belle.

C'est le commencement de ce que d'aucuns appellent la chute de la courtisane, le ballet des amants.

Guiche absent, Marie doit soutenir son train de vie. Montguyon, compagnon d'insouciance, est gai et dissipateur, ce qui convient parfaitement à la marchande d'amour. Il donne de l'argent pour les dentelles et les satins et entraîne la belle chez *Tortoni* où tout ce qui compte à Paris se retrouve à cinq heures. Les sorbets y sont renommés. Ce fou de Saint-Cricq dans ses extravagances coutumières met pied à terre un jour devant le célèbre perron, verse le dessert glacé dans chacune de ses bottes et remonte en selle après avoir salué la compagnie...

Quand Montguyon ne se rend pas à son cercle, il emmène Marie dîner au *Café de Paris* ou au *Café Anglais*, des lieux qui ont vocation initiatrice.

Un soir ils s'écartent du boulevard pour souper chez *Véry*. La jeune femme, avant d'entrer dans ce restaurant réputé, regarde de l'autre côté du jardin du Palais-Royal afin de mesurer le chemin parcouru depuis le modeste établissement de M. Nollet.

Après souper, Fernand de Montguyon et sa compagne remontent en calèche et gagnent à nouveau la portion du boulevard comprise entre la rue du Helder et la rue Le Peletier. L'avenue est sillonnée d'une quantité de gens de relations différentes se connaissant tous, parlant la même langue et unis par l'habitude de se rencontrer chaque soir. « On est poli, rapporte Villemesant, toujours gai, souvent sérieux, toujours spirituel ; là se jugent toutes les causes sans appel, en dernier ressort ; là le scepticisme est roi, chacun se moquant de tout. »

Marie parfait l'éducation commencée par Agénor, et si même, comme le rapporte Roqueplan — le pire des misogynes —, son esprit se borne à répéter les mots qu'elle entend, cela prouve qu'elle fait plus confiance à l'esprit des autres qu'au sien, ce qui n'est déjà pas si bête.

Roqueplan est d'ailleurs le seul à émettre une réserve sur l'intelligence de Marie Duplessis. Le docteur Véron, qui met au-dessus de tout l'art de la conversation, la déclare « très intéressante » et lui fait le rare honneur de sa table, la considérant comme « la femme la mieux habillée de la capitale ».

Jules Janin dit qu'elle est « des plus amusantes et que l'intérêt avec elle va toujours grandissant ».

Et s'il faut en croire Arsène Houssaye, « quand on est avec Marie Duplessis, on n'a pas envie de s'en aller ».

Quelle femme n'éprouverait des sentiments jubilatoires à voir les têtes se tourner sur son passage, à sentir sur elle la caresse des regards masculins, à mesurer ainsi la puissance de ses charmes quand, de surcroît, elle est prisée pour son esprit ?

Elle est le point de mire des soupeurs quand elle fait son entrée au *Café de Paris* dans les vastes appartements occupés autrefois par le prince Demidov. Le mobilier est d'un grand goût. Marie avait été éblouie en mettant pour la première fois son joli pied sur le tapis qui recouvre le sol. Aujourd'hui, c'est à peine si en le foulant elle prend garde à ce luxe, jusqu'alors inconnu à Paris, où les parquets étaient simplement cirés ou sablés.

Elle s'assied en compagnie de Fernand de Montguyon à la table du fastueux docteur Véron dont Malitourne écrira les Mémoires apocryphes et dit avec malice : « Véron ? Il jette son argent par les fenêtres mais quand il fait nuit, il descend pour le ramasser. »

Le directeur de l'Opéra, grand amateur de vin de Musigny, est engoncé dans une énorme cravate dont les volutes dissimulent un cou qu'on dit scrofuleux. L'inénarrable Roger de Bully, dit Beauvoir dont la bonne humeur caustique vaut mieux que son œuvre, pourtant abondante, l'a surnommé « le Prince de Gale ».

Lautour-Mézeray, « l'Homme aux camélias », soupe à sa table et discute avec le cofondateur du *Constitutionnel* car Véron, comme on le dirait dans notre jargon d'aujourd'hui, a « plusieurs casquettes ».

Marie croisera autour de lui la littérature avec Balzac, Émile de Girardin, roi de la presse, Barbey d'Aurevilly, parfois Musset et son humeur morose, et bien sûr le charmant Beauvoir dont Mme de Girardin a fait le portrait qui court Paris :

« *Ce poète dandy, ce héros de boudoir*
C'est Alfred de Musset avec des cheveux noirs. »

Un personnage irrésistible, ce Beauvoir, avec ses facéties et sa propension à tout mettre en vers. C'est l'enfant gâté de la troupe ; chacun lui fait place quand il arrive, élégant « avec son habit bleu à boutons d'or, son pantalon gris perle, son gilet en poil de chèvre, sa canne en corne de rhinocéros ». Ce n'est pas un dandy « splénétique », il pétille comme le champagne dont il arrose les côtelettes d'agneau de son petit déjeuner. Il sème autour de lui quatrains et anecdotes... Il a 30 000 livres de rente, un tilbury, un groom, des chevaux. Maxime Du Camp lui trouve une ressemblance avec les jeunes seigneurs vénitiens que Véronèse a assis à la table des *Noces de Cana.*

Son roman *L'Écolier de Cluny* paru en 1832 a eu un succès fou. Dumas père ne s'est pas gêné pour y puiser largement sa *Tour de Nesle.* Jamais Beauvoir ne l'en blâmera.

À l'Opéra, il fait sensation avec sa belle figure et ses gilets dorés, déplaçant beaucoup d'air, courant des loges aux coulisses afin d'y chercher aventure...

Les femmes prisent particulièrement sa bonne grâce et sa drôlerie... Il rime avec une facilité déconcertante des épigrammes :

« *Un bruit que je crois controuvé*
Se répand dans la capitale

On dit que Crémieux s'est lavé
Mon Dieu, que l'eau doit être sale ! »

Comme la plupart des hommes de plume, il déteste George Sand et écrit un soir sur une assiette une complainte à propos de la liberté de mœurs de *Lélia* :

« *Quand irez-vous à la conscription*
George d'Amour, charmant Hermaphrodite
Qui fumez trois pipes dit-on
Et prenez, sans tour hypocrite
Le derrière de Margoton ? »

Balzac lui en voulut de l'avoir brocardé par deux vers, au cours d'un voyage qu'il fit avec Gavarni :

« *Gavarni toujours peignait*
Balzac jamais ne s' peignait. »

Furieux, Balzac se répandit dans Paris répétant que Roger ne s'appelait ni Roger ni Beauvoir. Tout aussitôt, notre soupeur, ravi, mit les rieurs de son côté, les priant de ne l'appeler que Monsieur Psstt... !

Mais pour être léger Beauvoir n'en était pas moins courageux. Il provoqua M. de Balzac qui, piteux, répondit à ses témoins par une lettre d'excuse.

Roger fait de nombreuses conquêtes. Marie se laisse bientôt séduire. Il la conduit un peu partout, fier de l'avoir à son bras.

Hélas, une courtisane ne saurait être reçue dans une maison convenable. Un soir il compte l'emmener chez Félix Arvers, l'auteur du célèbre sonnet… Mais un certain Vandémont envoie un billet au poète pour empêcher cette bévue.

« *Mon cher Arvers, d'Anthoine vient de me dire que M. de Beauvoir doit amener ce soir Mlle Marie Duplessis. Sans être bégueule, les dames qui seront chez mon ami ne voudraient peut-être pas se rencontrer avec Mlle Duplessis ; il me charge de vous prier de vous entendre avec Roger afin qu'elle ne vienne pas.*
À bientôt et à la hâte. »

Comment Marie n'aurait-elle pas, à de certains instants, l'envie de blesser les représentants de la société dont on l'écarte ? Elle prend plaisir à faire l'esprit faux et à provoquer par un persiflage ceux qu'elle rencontre pour la première fois. Peut-être lit-elle dans leurs yeux cette étincelle cynique où le désir se teinte de mépris ? Son ironie blessante est la revanche des humiliations qu'elle est souvent forcée de subir de la part de ceux qu'elle reçoit dans son alcôve.

Une nouvelle parure, quelques cadeaux, deux ou trois billets de banque panseront tant bien que mal l'amour-propre de la fille de joie dont le cœur est loin d'être perverti. Dumas lui-même dira qu'elle était la seule courtisane qui eût du cœur.

Montguyon, très épris, lui offre un équipage et un chien, Tom, que Marie promène au bois.

Mais entre-temps, Guiche revient dans la capitale

et les amants d'hier connaissent une nouvelle flambée de la passion qu'ils avaient crue éteinte. C'est une gorgée d'oxygène pour Marie Duplessis que de se livrer à l'amour sans trafic quand elle est lasse d'échanger des caresses contre des billets. Non seulement elle ne demande pas un sou à Guiche, mais elle commet un jour l'imprudence de l'emmener au bois dans son coupé bleu. Montguyon les voit. Il court trouver son ami Beugnot, ex-diplomate qui passe pour un esprit mordant :

« J'ai donné à Marie Duplessis une voiture et un épagneul noir. Dans la voiture je vois le duc de Guiche... et il promène le chien. C'est raide, que dois-je faire ? »

Beugnot réfléchit, il connaît le viveur qu'est Montguyon, il le jauge et répond :

« C'est fort simple, je ne vois qu'un bon coup d'épée ou... un mot très spirituel. »

Il n'y eut pas de coup d'épée... quant au mot spirituel, il ne nous est malheureusement pas parvenu.

Cet incident est une leçon pour Marie. Elle prendra garde désormais à ménager ses trésoriers ; elle les prévient honnêtement :

« Je ne porte en compagnie de mon amant que les toilettes qui proviennent de sa générosité. Quant aux autres, j'en fais des reliques ou des cadeaux à de plus malheureuses que moi. Je ne veux pas que quelqu'un ait le droit de remarquer en me voyant passer : tiens Marie Duplessis porte encore tel objet que je lui ai donné... »

Et en coquette suprêmement habile, elle ajoute à

l'adresse de l'interlocuteur qui postule pour le titre de « soupirant » : « Le renouvellement de mes toilettes fait honneur à ceux qui m'aiment... » À bon entendeur. Qu'on se rassure, les entendeurs ne vont pas manquer.

La fleur du péché

« J'avais déjà un dégoût mortel pour les femmes honnêtes et l'hypocrisie qui leur est indispensable. »

Stendhal

QUAND Charles Verel note que Marie Duplessis fut en même temps qu'une courtisane dissolue « une des femmes les plus aimables de son temps qui devait tourner tant de têtes et inaugurer en France la royauté de la femme galante », il n'a probablement pas eu connaissance de la carrière amoureuse de la belle Alice Ozy.

De quatre ans l'aînée de Marie Duplessis, Alice Ozy, Julie Justine Pilloy de son vrai nom, étant amoureuse de l'acteur Brindeau, s'engage dans l'art théâtral, tentation à laquelle bien des femmes légères de ce temps cédèrent plus ou moins et avec plus ou moins de bonheur. Elle débute aux Variétés en 1840 à l'époque où Alphonsine rencontre Agénor de Guiche.

Alice, elle, vit plus haut et vise juste puisqu'elle devient la maîtresse du fils de Louis-Philippe et de

Marie-Amélie, le très jeune et très beau duc d'Aumale. Fière de sa liaison royale, elle ne s'en cache pas plus que lui.

Elle occupe un appartement au-dessus de la *Maison Dorée* et sort au bras de son amant costumée en homme, sans doute par divertissement théâtral plus que par souci d'anonymat. De ce fait, on la prend parfois pour le frère d'Aumale, le duc de Montpensier.

Ozy aurait pu se contenter de cet amant prestigieux, mais Aumale, âgé de dix-neuf ans, ne peut encore disposer de toute sa fortune. Grave inconvénient aux yeux de celle qui pose nue pour le peintre Chassériau, enflamme Charles Hugo fils de Victor, déclenche une passion qu'elle dit platonique chez Théophile Gautier dont elle pare les *Émaux et Camées* et plus tard renonce au théâtre pour la fortune d'un certain M. Groeniny qui l'entretiendra pendant douze ans. Prudente, elle économise et mourra à soixante-douze ans en bourgeoise empâtée, sage et repentie.

Alors qu'elle accorde encore ses faveurs au fils de Louis-Philippe, elle trouve un soir, en sortant du théâtre des Variétés où elle vient de se produire, une voiture de 20 000 francs, toute montée, avec des laquais poudrés se présentant comme le premier cadeau d'un admirateur. Alice, poussée par la curiosité et attirée par le luxe de l'attelage, se laisse conduire chez... le comte de Perrégaux dont la prodigalité devait lui faire oublier le jeune prince qui lui écrit aussitôt : « Je t'aime plus que jamais depuis que tu as cessé de m'aimer. Reste deux ans sans voir

Monsieur Perrégaux et quand ton cœur aura retrouvé sa virginité, alors... » Il faut croire que ni corps ni cœur n'entendirent le message car Alice resta avec celui qui la couvrait de bijoux de Janisset, de Crocé et de Spinelli ; il y eut entre autres de grands débats avec le bijoutier Marlé pour un bandeau de diamants d'une valeur de 13 890 francs (à multiplier par dix de nos jours), pour une montre sertie de diamants, et pour le rajout de 171 petits diamants destinés à enrichir le fameux bandeau. Perrégaux contestait les factures de Marlé concernant certaines transformations, il y eut procès ; élégant et n'ayant guère le choix, l'amant finit par payer le bijoutier.

Grâce au ciel, le descendant du fondateur de la Banque de France aura encore de quoi parer le front de Marie Duplessis. Quand il sera pris dans les filets de l' « enchanteresse », il n'a que vingt-sept ans.

Son grand-père Jean-Frédéric de Perrégaux, financier fait sénateur par Bonaparte, devient premier régent de la Banque de France. Par sa mère Élisabeth Macdonald, Édouard est le petit-fils du duc de Tarente. « La spirituelle duchesse de Raguse » est sa tante.

Le père d'Édouard, Charles Bernardin, fils de Jean-Frédéric, avait été fait comte d'Empire. Les gouvernements qui suivirent maintinrent les honneurs nobiliaires des régimes précédents.

François Édouard s'était engagé au 3e régiment de chasseurs d'Afrique contre Abd el-Kader. Maréchal des logis, puis sous-lieutenant dans le régiment des spahis régulier de Bône, le chef de corps le cite comme très bon cavalier et note qu'il fera un excellent officier.

La prédiction ne se réalisera pas. La conduite d'Édouard se dérègle ; il fait des dettes qu'il accroît en France. Cette fois, on le décrit comme « assez instruit mais un peu jeune de caractère et de conduite légère ». N'ayant pas tenu les engagements contractés avec son colonel, il est contraint de démissionner. Vienne nous le présente doux rêveur et mélancolique ; et Gros, « viveur, homme de cercle et de sport et pour tout dire fort dissipé ». Ses frasques lui avaient valu, lors de sa majorité, d'être nanti d'un conseil judiciaire.

La mort de son père met à sa disposition une grosse fortune. Désormais, voilà Perrégaux répandu dans tous les lieux de plaisir de la capitale. Le 3 avril 1842, il est admis au Jockey Club avec pour parrains le duc d'Albuféra et les vicomtes Daru et de Chazelles, joyeux compagnons qui hantent les théâtres parisiens et lui vantent la candeur étudiée, le visage mutin, le beau corps d'Alice Ozy ; de son talent on ne parle jamais ; en ce temps-là on ne demandait pas à une artiste autre chose qu'un peu d'allant, une frimousse aguicheuse et une jolie chute de reins...

Roger de Beauvoir fit sa caricature en bacchante, tenant d'une main un verre de champagne et de l'autre une corne d'abondance. Par son caractère malin, son nez retroussé, sa plastique pulpeuse, elle est très exactement l'antithèse de Marie Duplessis.

À cette époque, Marie mène, si l'on peut dire, une vie régulière. Elle se lève à onze heures. Rose, sa femme de chambre, lui apporte son petit déjeuner. Elle s'intéresse aux événements de son pays et lit attentivement les journaux ; puis elle travaille son piano et songe à sa toilette dont le choix et l'agencement lui prennent beaucoup de temps. L'après-midi elle va au bois en voiture, fait un peu de marche puis rentre recevoir ses visiteurs. Après un dîner léger, elle se pare avec l'art que nous lui connaissons pour offrir au public « sa languide et miraculeuse beauté ». Elle ne manque pas une première de la Comédie-Française, des Italiens, ou de l'Opéra. On ignore par quel charme elle obtient des régisseurs une place d'avant-scène les soirs où elle n'est pas invitée par l'un de ses chevaliers servants. Pendant les entractes, elle reçoit sa cour : des auteurs, des messieurs du Jockey Club, des actrices... On dit qu'elle est en termes d'amitié avec Marie Dorval.

Après le spectacle elle soupe, elle joue, gagne et perd, elle danse...

Au bal masqué de l'Opéra, elle intrigue Perrégaux et elle est intriguée par lui. Ayant appris l'identité du jeune homme, elle refuse de dévoiler la sienne, laisse tout juste entrevoir son visage et fort habilement s'échappe de l'Opéra. Perrégaux, lui, en sort « ensorcelé ».

Conviée à la *Maison Dorée,* elle demande à voir la liste des convives ; quand elle y lit le nom de l'ancien officier de cavalerie, elle accepte l'invitation. Le journaliste Henri de Pène est présent, il admire la finesse avec laquelle Marie s'adresse au comte :

« Je vous vois souvent au bois, Monsieur. Votre monture paraît ravie de porter un aussi bon cavalier. »

Qui reconnaîtrait dans la voix de cette jeune aristocrate les intonations lourdes du patois normand d'Alphonsine ? Il n'en reste pas trace. Elle s'exprime dans un français parfait, un peu lentement comme un élève dont les leçons ne sont pas totalement assimilées ; mais ces hésitations ajoutent encore aux inflexions de sa voix grave.

De petites taches fiévreuses lui font les joues roses quand le vin de champagne lui monte à la tête ; ce n'est pas elle qui mettrait, comme les dames du gratin, son gant dans son verre pour éviter les dangers de l'ivresse.

Le vin de Champagne est à la mode. On ne jure que par Moët et Chandon. Ce vice est celui de la jeunesse dorée, de la jeune France comme on l'appelle. L'éducation d'un jeune homme est incomplète s'il ne sait boire le nectar frappé. En boire, passe encore, mais l'ingurgiter ! C'est un dur apprentissage que cette sorte de baccalauréat. La salle des épreuves, raconte Beauvoir, est chez *Véfour* ou aux *Frères Provençaux ;* le déjeuner, qui ne doit guère finir qu'à six heures, étale déjà sa luxuriante splendeur. Le linge est gaufré, odorant, la table surchargée de fraises, de compotes de pêches, d'ananas, d'amandes vertes... C'est la première semaine de vacances de l'étudiant qui va devoir passer l'examen de l'ingurgitation prescrit par la mode... L'aréopage se compose de gens exercés, de juges au crâne chauve et poli comme l'ivoire, mais dont le ventre rebondi indique les capacités digestives. Trois bouteilles décoiffées de leur casque d'argent suffisent à peine au premier choc des verres... Le président dit la formule sacramentelle : Une, deux ! le mot trois ne doit sortir qu'après le verre ingurgité d'un coup dans l'estomac.

Le cercle des « ingurgitants » s'est resserré. Tous ont le cou tendu vers ce nouveau chevalier de la table ronde. Le bachelier ému, incertain, hésite d'abord, puis au risque d'un mal de cœur trop prévu, il avale le calice... Évohé, Silène Évohé !... Jeune prix d'honneur forever !...

Marie ne peut en aucun cas assister à ce genre de cérémonie qui est interdit aux dames. Pour l'instant elle s'emploie, dans le plaisir immédiat qui commande ses actions, à séduire le comte de Perrégaux.

Henri de Pène écrit : « Ainsi commença leur liaison qui allait inspirer Dumas et Verdi... » Pourquoi pas ? Un Armand Duval de plus n'a rien qui nous surprenne !

Pène se souvient des crevettes et du homard servis au souper ; Perrégaux débouche lui-même le Moët et Chandon et verse à Marie son nectar préféré. Elle rit... le charme agit. C'en est fait du comte ; il s'éprend soudainement, violemment de la fragile créature. D'après le journaliste « un amour réciproque naît ce soir-là ». Alice Ozy est abandonnée en une minute comme elle avait naguère abandonné le duc d'Aumale... C'est la ronde éternelle des amours.

Romain Vienne s'interroge sur le phénomène d'une telle passion. Il peut comprendre sans peine qu'on s'amourache d'une « jeune fille bien élevée », c'est dans l'ordre des choses, mais que le comte, averti des mœurs d'un monde qui lui a déjà fourni plusieurs maîtresses, y compris Alice, entre les griffes desquelles il a laissé une partie de son patrimoine, que le comte éprouve pour cette fille entretenue la fraîcheur d'un sentiment, « cela ne s'explique, dit Vienne, que par une maladie du système nerveux (*sic*) ».

Sans ouvrir les yeux sur le train de vie de Marie « fatiguée de tous les plaisirs et jetant l'or par les fenêtres », Perrégaux, foudroyé par sa vertigineuse passion, s'y enlise, sans réfléchir qu'au rythme des 3 000 francs par mois dont la pécheresse a besoin pour vivre, il va voir s'engloutir une fortune déjà bien entamée.

Marie cette fois croit à l'amour et rend caresse pour caresse, baiser pour baiser. Ils vont, dans les bosquets de Bougival où le comte a loué une maison, vivant une vie champêtre. Marie goûte des journées bucoliques dignes de sa chère *Nouvelle Héloïse* et répugne parfois à remonter en calèche pour aller trôner dans son avant-scène et arborer la parure d'émeraudes, cadeau de l'homme le plus épris qu'on ait jamais vu.

Un jour, secouée par une petite toux trop souvent répétée, elle voit son mouchoir de dentelle se tacher de sang. Le médecin consulté, hors quelques médications qui nous font sourire, telles que le lait d'ânesse et la décoction de Fucus Crispus édulcorée de sirop de capillaire, conseille vivement une cure à Bade... Marie, toute désireuse qu'elle est de trouver aux thermes un renouveau de santé, pense avec ravissement à ce qu'on lui a dit de la villégiature à la mode, des plaisirs du jeu, des soirs de bal à la Maison de Conversation.

Aux premiers jours de juillet 1842, on boucle les nombreuses malles remplies de robes du matin, robes de ville, toilettes de soirée dans toutes les gammes de taffetas glacé, de gros de Naples, de mousselines, de moires, beaucoup de soies — Marie adore la soie —, soies nacrées, rosées, bleutées ; les velours sont grenat ou bleu ardoise, les manteaux à la Pompadour ou à la Marie Stuart. Quand les soirées seront fraîches, elle jettera sur sa robe de taffetas lilas un burnous « à la frileuse » de velours vert mousse, ou l'un de ces longs cachemires où elle noie sa sveltesse.

Dans d'énormes cartons, Rose enferme avec soin des chapeaux de paille d'Italie à large bord dits à la « Paméla », une capote de crêpe blanc garnie de bleuets, une toque à la François Ier, une mantille de voile de blonde retenue par une agrafe de fleurs. Combien de matières, de formes, de nuances destinées à « présenter cette beauté dans un cadre renouvelé de séduction ».

Elle en oublie son personnage de « desesperanza » quand hier encore, au bord de sa loge, elle donnait à la foule « l'audience muette de sa beauté », en dégustant ses raisins glacés.

Au milieu des préparatifs de départ, dans le flot de dentelles, de mousselines et les douzaines de gants de suède, Marie Duplessis bat des mains comme une petite fille ; elle s'affaire, rassemble son luxueux nécessaire de toilette en argent, y range ses onguents, des savons du Portugal, de l'Eau royale dans un flacon d'osier, les pots de cold-cream et de pommade de cacao qui préservent sa beauté et, pour sa chevelure, des brosses à bandeaux, des paquets d'épingles anglaises, un grand peigne torsadé en écaille ; elle y ajoute des limes, de l'eau de Botot, des fers à gaufrer, sans oublier les fards, boîtes de blanc, de poudre carbonique, de rouges et les flacons d'Eau de rose et l'Eau du harem de Geslin, son parfum favori.

Enfin, dans un précieux coffret de velours bleu sont déposés un bracelet double serpent en diamants, des boucles d'oreilles en or, en brillants, en rubis de Mellerio, dit Meller, bijoutier de la reine, 5, rue de la Paix, un bandeau de rubis et d'émeraudes, des grenats, des turquoises, une longue chaîne en or avec sept grosses perles et bien d'autres parures.

Dans son sac de voyage, Marie serre le passeport pour Bade délivré par la préfecture de Police. Voici le signalement qui nous en est donné :

« Marie Duplessis : rentière.
Âge : 21 ans. »

À l'encontre des autres coquettes, Marie triche sur son âge, elle n'a en réalité que dix-huit ans. Mais en 1842, pour voyager sans chaperon, il faut sans doute être majeure. Peu importe, ne répète-t-elle pas en les montrant que « le mensonge blanchit les dents » ? Poursuivons la lecture de la description :

« Taille : 1 m 67.
Cheveux : Châtains.
Sourcils : Bruns.
Yeux : Noirs.
Nez : Bien fait.
Bouche : Petite (trop petite, disent ses ennemies).

Menton : Rond.
Visage : Ovale.
Teint : Pâle. »

Tout est paré, classé ; il ne reste à Édouard et Marie qu'à monter dans la chaise de poste pour aller jouir des plaisirs de la ville de Bade...

Si l'on veut y être bien logé au mois de juillet, nous dit Eugène Guinot, il est prudent de réserver. La ville thermale est pleine à craquer de dandys, de financiers, de princes. Les habitants sont polis et serviables, les hôtels éblouissants de luxe, de l'*Hôtel de l'Europe*, de l'*Hôtel de Russie* ou *d'Angleterre* à *La Cour de Bade.*

Le couple descend bien entendu dans le premier de tous. M. François-Xavier Maïen directeur de l'*Hôtel de l'Europe* a réservé pour Mlle Duplessis la chambre n° 79... celle d'Édouard ne doit pas en être éloignée.

Dès le lendemain de l'arrivée, la jeune curiste se rend au Trinkhall, « la maison où l'on boit ». C'est une galerie ou plutôt un véritable palais construit dans le style antique au début de cette année 1842 sur ordre du grand-duc Léopold et sous la direction de M. Benazet.

« Au milieu de la salle principale où coulent des fontaines d'eau minérale s'élève du sol à la voûte une admirable colonne faite d'un seul bloc de marbre rouge de Nassau. »

À sept heures du matin, de brillantes fanfares appellent les malades à se rassembler aux thermes. On se promène dans la galerie, l'exercice étant recommandé après chaque verre de l'eau fortifiante. Marie, désireuse d'améliorer sa santé, en avale une douzaine de chopes dans la matinée. Les curistes se reposent dans les salons remplis de fleurs, ornés de tableaux de maîtres. Des pâtres et des chevriers de la Forêt-Noire et de Suisse se tiennent dans la grande salle et vous versent un lait pur. Des médecins sont là, très habiles dit-on, et prodiguent leurs conseils à chaque patient sur le traitement et le régime à suivre.

Le paysage est de toute beauté, n'en déplaise à Musset qui, au retour de Venise en 1834 après sa déplorable histoire avec Sand, n'y avait trouvé aucun réconfort, ainsi qu'il l'écrivait alors à l'infidèle :

« Qu'est-ce que cela me fait tous ces arbres, toutes ces montagnes, tous ces Allemands qui passent, sans me comprendre, avec leur galimatias ?

« Qu'est-ce que cette chambre d'auberge ? Ils disent que cela est beau, que la vue est charmante, la promenade agréable, que les femmes dansent, que les hommes fument, boivent et chantent... Et les chevaux s'en vont en galopant. Ce n'est pas la vie tout ça, c'est le bruit de la vie. »

Ce qui rebute Musset à Bade est précisément ce qui enchante Marie. Le bruit, la musique, l'agitation sont pour la jeune poitrinaire une sorte d'acharnement thérapeutique.

« Si je me soignais je mourrais, dit-elle. Ce qui me soutient c'est la vie fiévreuse que je mène. »

Dans son ardeur à vivre, elle estime qu'elle fait assez pour sa santé en avalant l'eau du Trinkhall et en se promenant dans les chemins pittoresques des environs où courent « des ruisseaux frais dans une opulente végétation ».

Mais ce qui l'attire surtout c'est le palais des plaisirs de Bade : la fameuse Maison de Conversation.

On y trouve un restaurant, un café, une galerie pour les fumeurs, de vastes salons pour le jeu, les bals, les concerts, un cabinet de lecture, un théâtre. Sur le devant du bâtiment une grande terrasse ornée d'orangers accueille les confidences et les promenades à pas lents de ceux qui viennent respirer un moment.

Musset ne voit dans ce bâtiment qu'une sorte de « gros bloc fossile » :

« *C'est comme un temple grec tout recouvert en tuile*
Une espèce de grange avec un péristyle
Je ne sais quoi d'informe et qui n'a pas de nom
Comme un grenier à foin bâtard du Parthénon. »

Le poète semblait de bien mauvaise humeur en écrivant ces alexandrins. Ce n'est pas le cas de Mlle Duplessis dont les chroniques inlassables répètent qu' « elle n'est pas une courtisane comme les autres ». Aucune des fêtes de Bade, aucune représentation théâtrale, aucun concert, n'a lieu sans elle.

Dans le bruissement de sa robe de soie, parée de fleurs et de diamants, offrant aux regards l'audace de sa féminité et la candeur de son visage d'enfant, elle semble « éclairée d'elle-même, dispensant la lumière plus qu'elle ne la reçoit ». Son entrée fait mourir les conversations muées soudain en chuchotis admiratifs. Elle prend sa place autour du tapis vert « sur lequel se balance un grand lustre blafard ». Quand, de sa voix rauque, elle annonce son jeu, c'est à peine si l'on entend le chevrotement nasillard des croupiers : rien ne va plus ! Mlle Duplessis gagne, gagne et perd l'or du comte de Perrégaux sans qu'il paraisse s'en soucier.

Les premiers accords du quadrille se font entendre. On quitte alors les plaisirs du jeu pour ceux de la danse.

« *Le bal est à deux pas ; à travers la fenêtre*
On le voit çà et là bondir et disparaître
Comme un chevreau lascif qu'une abeille poursuit. »

Marie dans les bras de Ned, tendre surnom de Perrégaux, valse à deux temps, glisse la mazurka, sautille la polka et la contredanse jusqu'au galop final, sans avoir pris un temps de repos. Quand son protecteur demande grâce, un autre cavalier se présente qui l'entraîne dans le tourbillon déraisonnable. Vers le matin l'orchestre se tait enfin... Étourdie elle sort de son extase le corps brûlant, les tempes moites, les cheveux à demi défaits ; elle halète, ses yeux brillants semblent agrandis de fatigue. Ned l'enveloppe de sa mante et l'emmène ; un valet, flambeau en main, les précède jusqu'à leur calèche... La nuit n'est pas finie pour Marie Duplessis. Sans songer qu'il expose la santé de sa maîtresse, Perrégaux, la tête tournée de l'avoir vue si gaie, si désirable au long de la soirée ne songe pas à l'épargner. Il demande son dû. Certains soirs Marie, épuisée, se refuse au seuil de sa chambre. Perrégaux n'a pas toujours l'autorité nécessaire pour arracher Marie à une excitation nuisible à sa santé. C'est un faible, il a goûté déjà auprès d'Alice un certain plaisir dans l'humiliation.

Dostoïevski constate combien est envoûtant l'amour ressenti pour une femme corrompue : « On accepte tout d'elle, tout sans exception. »

Si Édouard n'est ni le comte Muffat, ni le héros pitoyable de *La Femme et le Pantin*, il est plongé dans une sujétion aveugle qui confine au masochisme.

Et elle ? La passion exclusive dont elle est l'objet la flatte, mais elle ne la partage que dans la mesure où elle est comblée de tout. Elle sent bien qu'aucun homme ne l'a jamais aimée ainsi mais ce qu'elle offre de son esprit et de ses sens ne va pas jusqu'au sacrifice. Elle a conscience de son aliénation et ne peut ni ne veut s'en affranchir. L'aliénation de Perrégaux est plus sympathique parce que l'amour en est le geôlier, mais elle est aussi tout aussi pernicieuse dans son asservissement.

Aucun des deux amants ne pressent sur quelle route il s'est engagé. Édouard ne s'occupe que de plaire à Marie, ne tient compte que de ses caprices, de ses désirs, de ses folies, il l'aime comme une divinité. Il va se brouiller avec sa famille, avec ses amis ; sa fortune va fondre entre les doigts trop fins de sa maîtresse, des doigts qui laissent s'écouler l'or sans aucun retour pour lui, sans aucune rédemption pour elle.

Pénélope d'elle-même, Marie détruit le soir à la Maison de Conversation la thérapie entreprise le matin au Trinkhall.

Après deux mois de ce régime imprudent, les amants vont regagner Paris.

Bientôt Marie va changer de domicile. Elle quitte la

rue du Mont-Thabor pour le 22, rue d'Antin où l'installe Perrégaux. L'appartement comprend un salon, un boudoir, une salle à manger et deux chambres. La deuxième figure sur les comptes du tapissier comme « chambre d'amie (*sic*) ».

C'est au domicile de la rue d'Antin que Dumas se liera avec elle ; c'est là qu'il situera leur aventure et les derniers jours de la Dame aux camélias ; c'est dans cet appartement présent à sa mémoire que sera puisée son inspiration, alors que Marie est morte réellement boulevard de la Madeleine.

Le coût de l'installation de la rue d'Antin s'élève environ à quelque trois cent mille de nos francs actuels, somme conséquente compte tenu du coût minime de la vie au temps béni où la bouteille de champagne valait 6 francs.

La facture présentée par la maison *Grandvoinnet* pour l'ameublement de l'appartement, le 15 octobre 1842, ne comporte pas moins de sept pages in-folio.

Aucun doute, Marie Duplessis s'installe et s'étale... Le palissandre domine, cela va sans dire, on ne saurait s'en passer. Les tapisseries sont à franges ; la mousseline et la soie garnissent les fenêtres et entourent le lit. La salle à manger en acajou passe au troisième plan. Marie, quand elle ne soupe pas en galante compagnie au *Café Anglais*, commande ses repas chez *Voisin :* on la livre à domicile. Ce n'est pas encore l'heure des grands dîners du boulevard de la Madeleine.

Une note du café-restaurant *Élie*, rue Neuve-Saint-Augustin, nous apprend qu'il a livré à domicile : potage, rognons, soles fines herbes, et langue de veau. Dommage de ne pas connaître le nom des convives assis autour de la table en acajou.

Marie commande chaque spécialité à des maisons différentes : Mme Tisserant, 19, rue d'Antin, en face de la maison de la courtisane, livre du bordeaux, du Saint-Julien et bien sûr du vin de Champagne. Les gâteaux sont pris chez *Rollet,* le pâtissier du passage de l'Opéra ; chez *Boissier* on commande le compotier d'oranges glacées. Chez *Gouache,* 13, boulevard de la Madeleine, Marie prend par 125 grammes des pastilles de menthe d'un prix fort élevé.

Perrégaux, souriant, partage ces quelques friandises avec sa maîtresse...

À Bade, Marie a été heureuse au jeu, elle en a rapporté une somme importante mais elle ignore totalement la valeur de l'argent et ses gains passeront entièrement dans les folies de toilettes, de fleurs et de parures qui font le sel de sa vie. Perrégaux paie... Mais Marie achète souvent sur sa bourse personnelle des jupons, des robes et des bijoux.

Dans son relevé des *Factures de la Dame aux camélias*, Lucien Graux donne le détail des prix aussi affolants que leur nombre.

Inutile de tout rapporter de crainte de lasser mais on ne peut s'empêcher de sourire en arrivant au « chapitre des chapeaux » car, souligne Graux : « Qu'une femme élégante aime changer de chapeau, oui, c'est une hypothèse admissible, mais dans la proportion que dénonce le bordereau Pratt c'est quand même beaucoup, quelque indulgence que l'on puisse avoir pour un péché si mignon. »

Contemplons tour à tour ce chapeau de crêpe rose

avec ruban, ce bonnet de tulle ruché, ce chapeau de crêpe blanc fleurs et tulle, ce pouf fleuri dessous et dessus, ces bonnets cerise, bleu, bouton-d'or, blanc, avec nœuds et rubans, les chapeaux satin et feutre, velours épinglé avec des biais de dentelles... l'on n'en finirait plus. Faisons le compte : nous y trouvons la coquette proportion d'un chapeau neuf tous les cinq jours... Folle Marie Duplessis, qui ne se lasse pas de trouver pour son ovale parfait des cadres qui le rendent toujours plus attirant.

Quant à son corps, elle le livre à la fameuse Mme Brullé-Regnault, 2, rue de la Paix, qui récolte toutes les médailles d'honneur pour l'extraordinaire fabrication de ses corsets. On doit à son génie d'architecte le *nec plus ultra* du luxe des « corps baleinés ornementés en piqûres », et surtout, depuis peu, quelle révolution, les indélaçables ! Voilà des corsets qui se « mettent et se défont pour ainsi dire d'eux-mêmes », dit la corsetière, avec la plus grande facilité et sans le secours de personne, « supprimant tous les mécanismes métallurgiques tant nuisibles à la santé et par cela même, à la respiration ».

Quel martyre que d'être une femme à cette époque et comment s'étonner que les malheureuses soient si souvent prises de malaises, ainsi torturées, encombrées de leur carcan. Notons que l'excellente commerçante annonce à ses clientes que pour respirer mieux avec « l'indélaçable », il ne leur en coûtera que « 5 francs d'augmentation sur les autres corsets de quelque prix qu'ils soient ».

Marie Duplessis ne regarde pas au prix et commande ses corsets à la paire, qu'ils soient de coutil ou de satin. Elle paie quand cela lui chante, et surtout quand elle a assez d'argent pour « voir venir ».

La magnificence de sa chevelure est livrée au figaro Dezoutter qui vient la coiffer à domicile. Elle a recours également à Eugène, 34, rue Neuve-Saint-Augustin, quand le premier n'est pas disponible. Eugène est posticheur ; certes Marie ne se trouve pas, par l'opulence de sa toison, dans la nécessité d'avoir recours à ses services ; elle lui demande seulement d'envoyer chaque jour un habile garçon pour la coiffer au prix de 40 sous la visite ; il y ajoute parfois diverses pommades, de l'onguent de graisse d'ours et des sachets d'odeurs. Il arrive à Perrégaux de passer par les mains expertes du coiffeur, qui ne réclame que 20 sous pour un homme. Nous devinons ainsi que le cavalier a dû passer la nuit dans la « chambre d'amie » ou dans les bras de la belle qui n'accorde pas souvent cette faveur...

Le comte est toujours follement amoureux mais sa fortune s'amenuise ; la passion de Marie suit le mouvement.

La renommée de sa beauté, la recherche dont elle est de plus en plus l'objet, et le plaisir qu'elle a de conquérir sont une entrave à son histoire avec Édouard... Quand il lui annoncera qu'il ne peut garder la maison de Bougival, faute d'argent, elle en concevra une immense déception... Adieu rêves d'amour, promenades en barque au clair de lune, petits dîners champêtres. Il lui faut découvrir d'autres trésoriers pour le prix de ses chapeaux et de ses robes. Dans le but de faire honneur à l'amant en titre, elle assistera à Chantilly au grand prix du Jockey Club, gagné par le cheval Plower appartenant à Perrégaux, dans une toilette dont la seule jupe de dentelle atteint le prix astronomique de 10 000 francs-or.

Il en faudrait des victoires hippiques pour continuer d'entretenir ce joyau avide. Édouard ne parvient pas à s'éloigner d'elle. Il reste dans le courant. Mais Marie recommence à dispenser ses charmes non seulement par désir de luxe mais par désir tout court ; le soupçon que sa vie sera courte la pousse à une sexualité débridée et un peu perverse. Il n'y a chez elle ni frein ni autocontrôle ; quant à Albert Vandam, il est convaincu que « le retour fréquent à ces délires amoureux avec des amants toujours nouveaux constitue une maladie aussi bien connue des spécialistes que le délire alcoolique, tout aussi incurable ». Ce qui n'empêche nullement « l'incurable » d'être parfois sentimentale et romanesque ; fantasque aussi car elle tire profit au mieux de ses intérêts, mais sans qu'elle semble préméditer quoi que ce soit. Elle est plus rouée que calculatrice ; l'intellect n'intervient pas.

Maîtresse de tant d'hommes mais, nous l'avons déjà dit, maîtresse en rien de son destin, elle n'a pas réellement voulu ce qui lui arrive, et à la limite ne le subit même pas, car elle n'en semble pas « marquée ». Elle règne d'assez haut, se signalant par sa beauté mais aussi par la qualité de ses amants.

C'est ce qui ne cesse d'étonner ; ce sens étrange, inné de la qualité en tout. Un tact naturel, une élégance instinctive suppléent aux leçons qui lui ont manqué en dépit des quelques maîtres envoyés par Agénor de Guiche.

Vandam, qui n'a été qu'un ami pour Marie bien

que n'ayant que six ans de plus que « la femme la plus adulée de Paris », observe que « sa gaieté n'avait jamais d'écarts, ni d'éclats bruyants car au milieu des scènes les plus folles, elle était hantée par la certitude de sa mort prématurée, et cette pensée mettait sa goutte d'amertume dans la douceur de sa vie heureuse... ».

Cette dernière assertion de « l'Anglais à Paris » nous oblige à réviser un peu le portrait quasi caricatural des chroniqueurs du temps. Nous avons vu plus haut les grands blâmes attristés dont ils abreuvent la malheureuse, victime de sa dépravation. Pauvre fille passée de la dure misère de l'enfance à celle plus navrante encore de la prostitution. Et Janin, qui fait chorus avec ces champions de la morale, de s'écrier :

« L'infortunée ! Elle avait besoin de solitude. Elle se voyait obsédée. Elle avait besoin de silence... Elle entendait sans fin et sans cesse les mêmes paroles à ses oreilles lassées ! Elle voulait être calme, on la traînait dans les fêtes et les tumultes. »

Marie Duplessis redoutait-elle vraiment les fêtes et les tumultes ? Pourquoi en ce cas y courir sans cesse ? Pourquoi dépenser des centaines de milliers de francs pour ses atours, pourquoi danser jusqu'au matin ? Pour pêcher çà et là quelque gros poisson endiamanté, soit. Mais cela n'est pas son seul dessein. Elle est heureuse de plaire ; ce qu'elle lit dans les regards masculins l'exalte. Souvent, elle vient seule au théâtre, bon moyen d'en repartir accompagnée. Quand elle entre dans sa loge posant devant elle son bouquet de camélias, sa jumelle de nacre, son cornet de raisins glacés, elle se sent la reine de Paris. Ces messieurs haletants observent le camélia du corsage, camélia blanc pendant vingt-huit jours du mois, rouge les trois autres jours. Ils entendent le message... Ce soir ils pourront rentrer chez eux sans regret. Ce signal, d'une certaine brutalité, est bien dans le caractère de Marie Duplessis. Elle a décidé une fois pour toutes d'être ce qu'elle est, sans s'encombrer de conventions dont elle n'a que faire... Indépendante et affranchie, sa soif d'argent peut se comprendre à la lumière de l'insécurité qui est son lot, ce qui ne l'empêche pas de se réserver toujours la décision finale.

La fleur du luxe

« *La femme à la mode, cette carmélite de la réussite mondaine.* »

Marcel Proust

« TOUT éblouissante de sa jeunesse folle, ne rêvant que bals, spectacles et robes de satin blanc », Marie Duplessis possède maintenant ses lettres de grande naturalisation dans ce que Dumas fils, créant le mot, appellera le *Demi-Monde*.

Maupassant, lui, affirme que « beaucoup de courtisanes étaient nées pour être honnêtes femmes et beaucoup de femmes dites honnêtes pour être courtisanes ».

Les courtisanes sont peut-être plus honnêtes que les honnêtes, elles ne se font pas passer pour ce qu'elles ne sont pas. Tant pis si les hommes s'y frottent... et s'y piquent !

Perrégaux a beau sortir de chez les chasseurs d'Afrique, avoir une écurie, monter aux courses et faire partir du Jockey Club, il est face à Marie comme un premier communiant. Aussi le traite-t-elle en petit garçon, lui dispensant alternativement le chaud et le froid, changeant leurs rendez-vous, lui ouvrant son alcôve, et lui fermant sa porte. Ned souffre mais, nous l'avons vu, il éprouve dans la souffrance une certaine volupté. Marie le devine. Elle a conscience de son pouvoir. Il se tait, sachant que sa destinée est désormais tout entière entre les belles mains de sa maîtresse. Il reste de la capricieuse des billets très courts. Aucun ne porte de date mais derrière ces minces feuillets en apparence anodins, on devine l'histoire d'amour et ses aléas. Marie pratique tour à tour le tu et le vous, décommande, gourmande, implore, ordonne.

Les voici, ces billets d'une discrétion révélatrice dans leur brièveté, ils forment presque un scénario :

« *Ce soir à six heures et demie.*
Mille tendresses. Marie. »

« *Vous me ferez grand plaisir, cher Édouard, si vous voulez venir me voir ce soir. (Théâtre du Vaudeville, loge n° 27.) Impossible de dîner avec toi, je suis très souffrante.*
Mille tendresses. »

« *Voici mes ordres : ce soir au Vaudeville, avant-scène du rez-de-chaussée, n° 2.*
Venez pendant le troisième entracte. »

« *Cher enfant, je suis un peu souffrante... Je me coucherai de bonne heure ce soir, et ne vous verrai pas.* »

« *Combien je suis fâchée, mon cher Édouard, de n'avoir pas reçu ta lettre une heure plus tôt. Zélia m'a écrit pour me demander si je pouvais passer la soirée avec elle ; j'ai promis, n'ayant rien de mieux à faire. Si tu veux nous dînerons demain ensemble... En attendant, cher petit frère, je baise mille fois tes yeux bleus, et je suis toute à toi de tout cœur.* »

Zélia est sans doute l'une de ces jeunes personnes que Marie protège et avec lesquelles elle ne sort que parce qu'elles sont blondes. « Blondes donc incapables d'aimer » selon la cosmogonie particulière de Balzac. Ce billet nous révèle deux autres petits faits ; n'ayant pu trouver aucun portrait de Perrégaux nous sommes ravie d'apprendre qu'il a les yeux bleus. Enfin nous pouvons sentir le changement de leurs rapports par le « cher petit frère » de Marie dans lequel on décèle plus d'amitié que de passion.

Est-ce bien avec Zélia que Marie a passé la soirée ? Tout comme Armand Duval, Perrégaux doit connaître le mal affreux que fait « la certitude du soupçon ». Marie n'est jamais à court d'excuses. Édouard doit se contenter de la portion congrue que lui réserve sa maîtresse.

Un peu plus tard, elle décide d'un voyage en Italie avec quelqu'un d'autre qu'Édouard vraisemblablement ; Perrégaux conte à qui veut l'entendre qu'il la rejoindra plus tard... Marie s'alarme :

« *Vous avez donc bien envie de me faire du mal ? Vous n'avez jamais ignoré que cela pourrait me nuire dans un avenir que vous voulez absolument triste et malheureux.* »

Cette fois c'est presque la lettre d'une fille à son père. Le cynisme candide avec lequel elle prie Ned de rester à Paris tandis qu'elle part s'occuper « de son avenir » a de quoi faire sourire.

Le voyage est lié à certaines négociations sur lesquelles nous ne serons pas éclaircis. Un dernier billet griffonné à la hâte rue d'Antin reste tout aussi mystérieux :

« *Mon cher Édouard, ayez la bonté de remettre au porteur les papiers dont j'ai le plus grand besoin... Vous m'obligeriez de prier M. Breton de ne pas me faire attendre plus longtemps après mes bijoux, car vous le savez je désire partir le plus tôt possible et je ne le puis sans eux, puisqu'ils me sont nécessaires pour terminer mes affaires.* »

De quels papiers s'agit-il ? De quels bijoux liés à quelles affaires ? Veut-elle les vendre ou s'en parer pour mieux se vendre ? Nous ne sommes pas plus renseignés sur ce point que sur celui de savoir si Marie Duplessis a fait ou non ce voyage en Italie et avec qui.

Tandis que la flamme des amours de Marie avec Perrégaux faiblit doucement, nous voyons Lady Yarborough faire dans la vie d'Alphonsine Plessis une apparition édifiante.

Peu crédible pour certains parce que tirée de

l'ouvrage de Romain Vienne, nous aurions pu faire chorus avec ses délateurs si nous n'avions pas sous les yeux la preuve tangible de cette rencontre.

Elle a retrouvé Marie Duplessis non sans mal, et lui rend visite afin de faire sa connaissance, et lui parler de sa mère. Aux bains de Chamonix, ayant découvert un peintre de talent, Lady Yarborough a commandé jadis deux portraits de Marianne, elle en a gardé un et prie Marie d'accepter l'autre.

Romain Vienne reconnaît immédiatement celle qui a posé ; c'est sans aucun doute la mère d'Alphonsine, bien qu'un peu rajeunie... Nous avons sous nos yeux la miniature en question ; elle est aujourd'hui en possession de Mme Mariette qui l'a confiée au musée de Gacé. D'une facture délicate, on peut y retrouver la belle chevelure de la famille, la bouche petite, ironique et la même expression un peu triste du regard, corrigée par la volonté du menton. Les sourcils n'ont pas l'arc parfait de ceux de notre héroïne, mais il se dégage une grâce touchante de toute la personne de cette mère si vite disparue.

Vienne assure que Lady Yarborough, ayant perdu sa fille, désire adopter celle de son ancienne gouvernante pour la doter, à condition qu'elle consente à changer de vie. Cette offre peu banale, après tant d'années, est refusée par Marie, arguant que sa bienfaitrice subirait vite les retombées du mépris dont une courtisane est marquée à jamais. Par ailleurs, ces libéralités sont d'un poids bien léger comparées à ce que Marie appelle « son superflu ». À Vienne qui lui conseille la sagesse d'une vie honnête, elle répond à peu près :

« *Vous m'engagez à rompre tout d'un coup sans transition, sans espoir de retour, avec des habitudes passées dans le sang, dans la chair, dans le caractère, et dont je suis l'esclave. Vous voulez que je renonce, pour une existence à huis clos, presque monacale, aux fêtes, aux plaisirs, à mes amours ? Hélas, il est trop tard.* »

Et à Lady Yarborough elle dira, plus simplement encore :

« Je pourrais revenir au devoir ; je ne puis rentrer à l'honneur. »

Marie gardera jusqu'à sa dernière heure la miniature émouvante.

Le passage fugace de la vieille dame, la douceur retrouvée du regard maternel, les bonnes paroles de Vienne, son compatriote, ont-ils donné à Marie Duplessis le mal du pays ? Ou, un peu lasse des airs boudeurs de Perrégaux dont les largesses sont nettement calmées, cherche-t-elle évasion et protection auprès d'un remplaçant possible ? En tout cas, ce n'est pas au *Relais de poste* qu'elle descendra à Nonant mais au château de la Cochère, où règne le seigneur de Narbonne-Pelet sur le petit monde de ses vassaux.

Cette fois encore, Marie a ferré un poisson d'importance.

Le vicomte Théodoric de Narbonne-Pelet, né en 1814, ne sera duc qu'en 1855, à la mort de son cousin détenteur du titre ; il descend d'une grande et belle lignée où l'on trouve le duc de Luynes et de Chevreuse apparenté aux Narbonne-Lara, une aïeule sœur du fameux cardinal de Bernis et une comtesse de Narbonne décapitée quelques jours avant le 9 thermidor. La grand-tante de Théodoric, duchesse de Narbonne, née Serent de Kerfily, a toujours cru qu'on avait guillotiné la malheureuse à sa place, ce qui l'avait attachée au petit-neveu de son mari. On dit qu'elle fit tout son possible pour arracher Théodoric aux « entraînements d'une jeunesse assez vive » en le mariant. Si l'on en croit la rumeur, il refusa le mariage parce que le passage de « la fille des Plessis » l'avait laissé inconsolable...

Le dernier duc de Narbonne-Pelet est grand d'Espagne, châtelain de la Roche-Nonant par Exmes, et possède à Paris l'hôtel de la famille au 22 de la rue de Varenne.

En 1860 il se verra lauréat du concours d'agriculture pour son domaine de la Cochère. C'est l'un des plus gros propriétaires fonciers de France. Il laissera une fortune évaluée à 15 millions de francs à ses petits-neveux issus de la duchesse de Chevreuse et à la marquise de Tholozan déjà si riche qu'elle ne se déplace même pas pour voir le château dont elle hérite. Sa fille héritera de celui de Ribécourt dans l'Oise où mourra Théodoric en 1901.

Enfin, pour la belle histoire, le général de Saint-Chamans raconte dans ses Mémoires comment la comtesse Aimeric de Narbonne-Pelet, première femme du père de Théodoric, fit nommer son mari gentilhomme de la chambre en déclamant des vers à Louis XVIII.

Les chevaux occupent, dans les haras du propriétaire de la Roche, soixante boxes où ils sont soignés, bichonnés, quand Narbonne ne les dresse pas lui-même à la longe. Apparemment, si sa jeunesse est « assez vive », le vicomte, semble plus attentif à ses chevaux qu'aux femmes... Néanmoins, il aura une passion foudroyante pour l'ancienne petite fille du pays.

D'où vient qu'aucun des biographes penchés sur les amours de notre héroïne n'ait fait allusion à cet épisode de sa vie ? Seul Gros signale, en citant la liste des amants de « la Dame » qu'il y eut sans doute un Narbonne, c'est peu.

Heureusement nous avons pu rencontrer Mme Mussat et pénétrer dans la demeure du vicomte. La chambre de Marie Duplessis y est toujours visible et fort émouvante ; mais surtout nous avons pu recueillir les propos tenus jadis par la vieille Delamarre et le valet de chambre Marot dont les parents avaient servi Narbonne-Pelet.

Aucun doute pour la brave femme, c'est bien le vicomte qui, passant sur la route, enleva sur son cheval la petite Alphonsine âgée de quatorze ans et lui apprit les premiers gestes qui assurèrent plus tard la rentabilité de sa vie. Il faudrait par conséquent écarter l'hypothèse du jeune Marcel cueillant dans les blés l'innocence de la fillette et faire crédit à Marie Duplessis rapportant à Guiche l'histoire du seigneur à cheval et du bel écu d'or reçu « pour sa peine ».

Si Vienne et Du Hays ont volontairement passé sous silence l'acte de Narbonne usant de son droit du seigneur, c'est qu'ils ne veulent pas le compromettre ni se mettre à dos le personnage le plus important du pays ; ils sont en quelque sorte ses sujets, même si la Révolution est passée par là.

De toute façon, il se peut que l'innocence de Marie ait été ravie par le vicomte, mais rien n'empêche que Marcel fasse partie des débuts prometteurs de la petite drôlesse. Le seigneur de la Cochère a eu ce qu'il voulait, il a payé, pas assez sans doute aux yeux de Marin Plessis qui n'hésitera pas à faire appel à d'autres écus, ceux du vieux Plantier...

En cinq ans une jeune fille se transforme, surtout quand elle a troqué ses guenilles contre des robes de soie.

Ayant conquis Marie, ce qui n'était pas trop difficile, le vicomte de Narbonne l'invite à nouveau chez lui.

L'ancienne paysanne savoure la revanche que lui offre le destin. Elle découvre le château éclairé de dix-sept fenêtres surgissant de l'ombre immense des arbres dont il est protégé. Son cœur bat d'émotion... Émotion sur la nature de laquelle Théodoric se méprend. Il entoure les épaules frêles de son bras... La calèche ralentit devant la porte... Jean, le valet, s'élance pour dégager le marchepied ; Narbonne descend le premier, tend la main à sa compagne mais la dernière marche n'arrive pas jusqu'au sol, il s'en faut, et la passagère atterrit les pieds dans la boue, gâtant sa toilette de voyage. Le lendemain, le galant homme fera placer une grosse pierre destinée à recevoir le soulier de sa maîtresse sans le salir...

« Point du tout ! s'écrie la mère Delamarre, c'est que Monsieur était si jaloux ! il ne voulait pas que

Jean, ou quiconque, prenne Mademoiselle par la taille pour l'aider à descendre. »

Vérité ou légende ? En tout cas, la grosse pierre est là, pieusement conservée par les Mussat. On peut l'y voir aujourd'hui encore.

Marie a-t-elle amené sa femme de chambre qui ne s'appelle plus Rose, mais Clotilde ? Ce n'est pas certain. Théodoric, froid et sec, « point révérend », selon l'expression de la servante, ne tolère aucune femme au château hormis celles qui font le ménage. Seul, Jean assure le service de la table, habille son maître et le suit à Paris quand il s'y rend.

Afin de sauvegarder les normes d'une bienséance sur laquelle il ne trompe personne, Narbonne fait installer Marie dans l'aile du château opposée à la sienne. L'ameublement de la chambre est sobre ; l'invitée dort dans un lit bateau de style Empire en acajou, sans fioritures. Sur une table de nuit, elle pose son sirop pour la toux et l'exemplaire de *Paul et Virginie* qui l'aide à supporter les insomnies dont elle souffre souvent. Une petite coiffeuse, une armoire à glace, quelques tableaux complètent le décor.

La nuit, sa fenêtre reste éclairée tard ; jusqu'au moment où, le chandelier à la main, le vicomte arrive, après avoir traversé le long couloir, jusqu'à sa porte.

Durant ce séjour d'un mois destiné à améliorer la santé de Marie, son hôte va la combler... Ce sont sans cesse des attentions, des cadeaux, la moindre des babioles offertes à la courtisane est entourée d'un billet de banque ; cette habitude fait de Théodoric le « généreux donateur » qui un jour de l'an fit parvenir à Marie Duplessis une caisse de douze oranges dont chaque fruit était enveloppé d'un billet de 1 000 francs. « Sûr, s'écrie la vieille servante, même un mouchoir était serré dans un de ces grands billets ! Et Dieu sait qu'elle en usait, la pov' malheureuse. » La lingère du château s'en plaignait assez, qui devait laver plus souvent que de coutume, dans l'eau mélangée de cendres, les mouchoirs rougis de la poitrinaire.

À la Cochère, les journées s'écoulent, calmes, trop calmes. Le matin, Marie Duplessis reste au lit pendant que le maître reçoit dans son bureau les palefreniers auxquels il donne des ordres ; il leur remet les licous, les selles, les étriers pour la journée et en fin de semaine leur distribue leurs gages. Peu expansif, il ne fait pas de discours et veille à la bonne tenue des hommes. Ils sont logés dans les maisons qui leur sont attribuées à la Godinière. Maisons dont les portes volontairement basses ne peuvent permettre l'entrée d'un tonneau de cidre... Marie, en se promenant, est restée songeuse sachant que son père, venu ici comme journalier, devait se contenter comme les autres d'un broc du breuvage qu'il n'aimait que trop.

L'après-midi, si elle se sent bien, « l'intrépide amazone » chevauche dans les bois en compagnie de son seigneur. Quelquefois, elle va derrière le château, sur les terres de Saint-Vincent, le voir diriger les chevaux à la longe, depuis le balcon circulaire du « Vide-bouteille »... Puis Marie s'habille pour le tête-à-tête du dîner fin, servi dans la petite salle à manger. Bien évidemment, Narbonne ne peut inviter les châtelains du pays qui répugneraient à la compagnie d'une femme de cette sorte.

La joie légitime de Marie à son arrivée au château fait place peu à peu à une sorte de langueur. Elle s'ennuie ; le bruit du Boulevard, les spectacles, les dîners en joyeuse compagnie lui manquent... Marie s'est changée à son tour en une Parisienne pur sang. Elle a besoin de s'étourdir, de vivre intensément ce qui lui reste à vivre... Les journées à la Roche lui paraissent de plus en plus mornes... Et puis si elle a éprouvé pour Ned un réel sentiment, ce Théodoric, de taille moyenne, brun de cheveux, sans autre séduction qu'un regard noir, ne lui inspire guère d'amour.

À Paris ce n'est pas qu'elle soit toujours folle de ceux qui la paient... Mais au moins elle est emportée par le mouvement dont elle se grise, qui lui évite de s'appesantir sur des évidences bien souvent désespérantes.

À présent, il lui tarde de quitter ce joli château dont elle se sent prisonnière.

Que peut faire Narbonne, si épris soit-il ? À contrecœur, à contre-corps, il reconduit à Paris la belle ingrate. Il n'en continuera pas moins à faire partie de ceux qui, de temps à autre, contre quelques heures d'un amour feint, assureront à la capricieuse de quoi s'offrir un cachemire de plus, l'un de ces objets de vermeil et d'or dont elle raffole... ou quelque friandise dans un grand billet bleu...

Un jour, Marie n'ayant pas de quoi régler une échéance viendra frapper chez le vicomte rue de Varenne. Et ce sera l'affront. Il fera dire par Jean qu'il est occupé et qu'il ne peut la recevoir. Elle qui se plaît à dire qu'elle « donne des ordres et n'en reçoit pas » se voit congédier comme une fille de troisième ordre. La rage lui fait tenir un langage cynique :

« Il ne tient pas plus à moi que je ne tiens à lui : seulement il a sur moi l'incontestable supériorité de posséder un coffre-fort inépuisable et je ne sais pas de considération plus sérieuse que celle-là. »

Malgré ces paroles dépitées, on se tromperait fort en se figurant que Marie Duplessis n'a pour fréquentations que des amis fortunés. La grisette, en elle, est toujours vivante, avec ses coups de cœur, ses toquades. Elle se donne, autant que faire se peut, à qui lui plaît, et envoie promener le reste. C'est là son véritable luxe. Une liaison trop instable gêne sa liberté de mouvement : « Les amoureux sont un encombrement, dit-elle, en revanche notre intérêt à nous autres est de garder nos amis. » Elle n'a pas à s'inquiéter : des amis il en viendra beaucoup.

Dans le salon de la rue d'Antin, Marie Duplessis commence à voir se former autour d'elle une petite société d'artistes et de dandys. Son humeur gaie, quand elle abandonne l'attitude fatale qu'elle adopte dans sa loge de théâtre, lui vaut la compagnie d'hommes qui ne passent pas forcément par son alcôve mais aiment à se divertir sans contrainte. On parle peinture, musique, littérature et même politique.

Perrégaux, comme une ombre, passe un moment et, sentant qu'il n'aura pas droit à la « chambre d'amie », quitte la place. On assure que Beauvoir, Musset, Édouard Delessert, fils du préfet de Police,

Marie Dorval et même une ou deux fois Lola Montès viennent « faire salon ».

Marie, quand elle est seule, lit de plus en plus ; la facture d'un libraire de cette année-là nous apprend que, outre l'achat de *Paul et Virginie,* lecture à la mode, elle a jeté son dévolu sur Musset et sur Millevoye.

Les filles de joie sont presque toujours sentimentales ; de plus, la conscience de son court destin semble dicter à Marie la nécessité d'en savoir le plus possible sur tous les sujets dans un minimum de temps. Parfois les accès de gaieté se terminent dans une quinte de toux suivie d'un grand accablement... Les invités alors sc retirent, aussi désireux de lui laisser du repos qu'effrayés par sa maladie. Elle dira plus tard, elle-même, qu'ayant dû s'aliter un mois, tous ses amis désertèrent sa maison.

Plus le temps avance, moins Marie Duplessis conçoit d'estime pour les hommes. Il y a longtemps qu'elle cherche un « amant jeune, sans volonté, amoureux sans défiance, aimé sans droits ». Un instant, elle aura le sentiment illusoire d'avoir trouvé cet oiseau rare en la personne d'Alexandre Dumas fils. Il la rencontre, ou plutôt il la croise pour la première fois place de la Bourse, devant une boutique de modes, rendez-vous des élégantes de l'époque. Dumas voit descendre d'une calèche découverte une grande jeune femme, très mince, en robe de mousseline blanche à volants sur laquelle elle a jeté un châle de l'Inde carré, aux coins brodés d'or et de fleurs de soie ; un chapeau de paille d'Italie ombre son visage rose et blanc encadré de boucles noires. Bien des années plus tard, en 1852, il la décrira avec la précision d'une mémoire amoureuse :

« Elle avait la tête petite, de longs yeux d'émail comme une Japonaise, mais vifs et fins, les lèvres du rouge des cerises, les plus belles dents du monde ; on eût dit une figurine de Saxe. En 1844, lorsque je la vis pour la première fois elle s'épanouissait dans toute son opulence et dans toute sa beauté. »

Marie Duplessis entre dans le magasin... Un murmure d'admiration l'accueille. Quant à Dumas, selon son propre aveu il en reste « cloué sur place ». Il guette à travers la vitre les mouvements de la jeune femme qui choisit au comptoir ses achats du jour. Il n'ose entrer de crainte qu'elle ne s'offense d'être suivie, mais ne peut s'empêcher d'attendre sa sortie. Elle remonte dans sa calèche, retenant de la main son chapeau de paille et s'éloigne dans la lumière, emportée par le trot des chevaux. Cette vision ne quittera plus l'esprit du jeune homme.

En attendant, rue d'Antin, la ronde a repris, des jeunes amants et des moins jeunes. Ils vont, viennent, dînent, sont admis dans l'alcôve, ou renvoyés sans ménagement, selon l'humeur de la maîtresse de maison. Ses caprices vont d'Édouard Delessert nouveau venu, à quelques anciennes connaissances comme Montguyon, le baron de Plancy, Roger de Beauvoir ou ce Montjoyeux dont le nom la ravit. Parfois, un inconnu fait une brève apparition et disparaît comme il était venu. Dans ce chassé-croisé de la volupté, l'histoire des Contades-Castellane vaut d'être narrée.

Le maréchal de Castellane a trois enfants.

L'aîné, Henri, s'est vu offrir la main de Pauline que la duchesse de Dino a refusée jadis à Guiche.

Le fils cadet, Pierre, embrasse sans grande conviction la carrière militaire dans les chasseurs d'Afrique.

Enfin Sophie de Castellane, sœur des deux précédents, fait ce que font la plupart des jeunes filles de sa caste : elle attend son futur époux.

Cet époux, c'est Henri de Contades, son cousin ; il descend lui-même d'un maréchal de France, Érasme de Contades, qui se couvrit de gloire au XVIIIe siècle pendant la prise de Bergen op Zoom. Il épouse sa cousine Sophie : elle a dix-huit ans.

De la ronde au ballet il n'y a qu'un faux pas ; Henri de Contades esquisse le premier, quelques années après le mariage, en se jetant dans les bras de l'étoile : Marie Duplessis.

Qu'en dit Sophie son épouse ? Qu'on ne s'inquiète pas pour son honneur ; elle l'a dès longtemps abandonné dans d'autres lits que le lit conjugal.

Quant à son frère, Pierre de Castellane, il entre à son tour dans la danse jusqu'à en avoir la tête tournée par la « Prima Assoluta ». Un ballet qu'on pourrait appeler « les Beaux-Frères rivaux ». On ne sait si, pompeux et gourmé, le maréchal de Castellane a trouvé glorieux de voir l'un de ses fils et son gendre soumis à la plus célèbre hétaïre de son temps. Il l'a peut-être ignoré comme il feignit d'ignorer les infidélités de sa propre femme avec M. de Chateaubriand et le comte de Molé .

Sophie de Castellane remplacera Henri de Contades quand il mourra en 1858, et changera radicalement de conduite en devenant Mme de Baulaincourt. Femme d'esprit, elle lancera un jour dans un salon cette phrase aussi lapidaire que transparente :

« Qu'on pense ce que l'on veut de la marquise de Contades, mais on ne peut rien reprocher à la vicomtesse de Baulaincourt. »

Sophie, grande amie de Mérimée, deviendra personnage de roman par les soins de Marcel Proust qui lui empruntera les traits de Mme de Villeparisis dans *À la recherche du temps perdu.* Indirectement et à son insu, Marie Duplessis touche de près à la littérature de son temps.

Il en sera de même par l'entremise d'Édouard Delessert dont la mère, femme du préfet de Police, a fait souffrir Mérimée, après une liaison de neuf années, en se donnant à Maxime Du Camp. Celui-ci, ami intime de Flaubert, lui décrit la chose avec des détails si scabreux qu'il est impossible de les transcrire ici. Ces messieurs sont décidément des plus galants au XIXe siècle ! Et comme tout peut servir à un écrivain, Flaubert ne se gêne pas pour utiliser Mme Delessert et en faire le personnage assez peu sympathique de Mme Dombreuse de *L'Éducation sentimentale.* Enfin, Marie Duplessis elle-même deviendra personnage littéraire, prêtant son visage à Marguerite Gautier...

Quarante ans plus tard le petit cousin d'Henri de Contades, Gérard, tombé amoureux *post mortem* de notre héroïne, avec *Les Quartiers de la Dame aux camélias* donnera sur Alphonsine des renseignements puisés au cours de recherches minutieuses.

Dans ses papiers, on découvrira un court billet d'amour d'Henri à Marie. Un papier jauni, conservé comme une relique :

« *Mon adorée,*

Vous savez que je suis apprenti diplomate. Les exigences du métier deviennent cruelles. On m'envoie en exil pour huit jours. J'ai ordre de rejoindre mon poste demain. Je pars, plaignez-moi.

À vos pieds dès mon retour.

Henri de Contades. »

Dans ce bouquet d'hommes il se pourrait qu'il y eût plus de vanité que de vénalité de la part de notre héroïne ; encore faut-il comprendre qu'un seul homme ne saurait suffire à son luxe, et que chacun doit apporter sa pierre, si petite soit-elle, à l'édifice doré qu'elle se construit, de façon souvent anarchique. Dumas fils le souligne, tous ces jeunes gens ayant 20 à 30 000 livres de rente à Paris, c'est-à-dire à peine de quoi vivre dans le monde qu'ils fréquentent, savent très bien, quand ils sont les amants d'une femme comme Marie, qu'elle ne pourrait seulement pas payer son appartement et ses domestiques avec ce qu'ils lui donnent.

Il faut y voir clair. Cinq cent mille francs de rente représentent à l'époque une grosse fortune en France ; or « un homme possédant pareil revenu a déjà une maison montée, des chevaux, des domestiques, des voitures, des chasses, des amis ; souvent il est marié, il a des enfants, il fait courir, il joue, il voyage : que sais-je moi ! toutes ces habitudes sont prises de telle façon qu'il ne peut s'en défaire sans passer pour être ruiné et sans faire scandale. Tout compte fait, avec cinq cent mille francs par an, il ne peut pas donner à une femme plus de quarante ou cinquante mille francs dans l'année, et encore c'est beaucoup. Eh bien ! d'autres amours complètent la dépense annuelle de la femme », écrit Dumas fils.

En 1844, un homme riche de 10 millions, un grand seigneur étranger, va tomber à point nommé « sous le ciel de lit de la belle étoile » et va lui permettre de respirer un peu en accédant au train de vie dont elle rêvait.

Descendant de ces barons baltes au service de la cour de Russie, le comte Gustave de Stackelberg porte crânement ses soixante-dix-huit ans. Après une carrière diplomatique très brillante, il s'est retiré à Paris avec la comtesse Caroline née Lüdolf, son épouse depuis 1805 ; elle avait alors vingt ans, lui trente-neuf. Stackelberg passait pour aimer les tendrons. Caroline, avec sa jeunesse, lui apportait une superbe dot.

Maurice Rat, dans son étude sur les femmes célèbres, rappelle le cortège des longues amours du don juan diplomate : les grandes duchesses qu'il a eues jadis, et les deux filles jumelles de l'ambassadeur à Vienne dont on dit qu'il cueillit la fleur en la même nuit dans une auberge des bords du Danube. Impétueux, enveloppant ses conquêtes du fameux charme slave, « il voyait tomber devant lui les brunes, les blondes, les plus jolies filles ou jeunes femmes de l'aristocratie. On l'appelait le bourreau des vierges ». Il était dans l'ordre des choses qu'il devienne trente ans plus tard la victime d'une courtisane.

En 1814, ambassadeur de Russie auprès de la cour d'Autriche au fameux congrès de Vienne qui « allait nouer les destins de l'Europe à la chute de l'Empire », il participa à ces réunions mémorables dont le peintre Isabey a fixé le souvenir ; on l'y voit figurer au premier plan à droite du tableau entre le général anglais Cathcart et le prince de Talleyrand.

Tout au long de ce congrès, Stackelberg joua un rôle important et travailla, dit-on, à une entente secrète entre Louis XVIII et la Russie.

Bien des intrigues naissent au cours des petits et grands bals, des dîners, des thés, qu'offre « Gustave Ottonovitch, comte de Stackelberg, conseiller intime et chambellan de l'empereur, ambassadeur de Russie à Vienne ». En juin 1815, après avoir accueilli à déjeuner la grande-duchesse Catherine venue de Pest (Budapest), les Stackelberg donnent un « thé-soirée » avant le départ pour leur résidence d'été de Gümpendorf.

Trente ans plus tard, c'est à Bagnères que Marie Duplessis rencontrera ce soi-disant veuf toujours vert, sauf pour la couleur de ses favoris devenus blancs surmontés d'un « toupet fringant destiné à dissimuler des cheveux trop rares ».

À Bagnères et à Spa comme partout ailleurs, la jeune femme traîne après soi des empressements admiratifs. Le comte n'échappera pas à l'envoûtement. L'ayant abordée avec discrétion, il rend hommage à sa beauté et assure qu'il n'y a rien de galant dans sa démarche ; il lui dit qu'elle est « le portrait vivant de son enfant ». Il s'est renseigné sur le genre de vie qu'elle mène et se dit prêt à lui servir une rente à condition qu'elle quitte son existence de courtisane. Il accomplirait ainsi « une action doublement pieuse : celle d'honorer le souvenir d'une morte en rendant l'honneur à une vivante ». Le comte, bien entendu, a de si pures intentions qu'il ne demanderait en échange que le seul plaisir de contempler son visage. Si Marie, selon sa propre expression n'est pas « rentrée à l'honneur », ce n'est pas faute d'y avoir été exhortée. Lady Yarborough, on s'en souvient, lui avait suggéré déjà de jouer le rôle de sa fille disparue à la condition qu'elle veuille bien adopter une existence moins dissipée. Le transfert imaginé par le « bourreau des vierges » paraît moins innocent, quand on apprend qu'il porte sur son cœur, avec des dates, une liste de celles dont il a été l'amant d'un soir, d'un mois, quelquefois d'une année. Marie, fine mouche et point dupe, va jouer le jeu. Ce qu'elle confiera plus tard à Judith porte l'expression pathétique qu'affectent certains littérateurs de l'époque :

« C'était la première fois qu'on me parlait sur ce ton, je regardais ce vieillard qui faisait à une fille perdue la charité de la comparer à une enfant expirée sans avoir été effleurée par le vice. Je restais silencieuse. Pour toute réponse j'essuyais mes yeux humides. »

Inutile de préciser que la suppléante de « l'enfant trop tôt disparue » ne va pas refuser pareille offre... Quant à la pureté des sentiments de Stackelberg, Dumas fils qui en fera le duc de Mauriac de son roman assure que, malgré son grand âge, le diplomate russe ne cherchait pas dans Marie une Antigone comme Œdipe, mais plutôt une Bethsabée comme David. Nestor Roqueplan, lui, se porte garant de la stricte vérité de ce conte à l'eau de rose :

« Le joli visage, les yeux de velours, l'élégance de la taille, les petits pieds et les petites mains, la phtisie, le comte retrouvait tout dans cette doublure qu'il allait charger du rôle laissé par une enfant chérie, la consolation de ses derniers jours. »

Le passé amoureux de Stackelberg nous encouragerait à accorder plus de crédit à Dumas qu'à Roqueplan. Quant à cette enfant tant chérie disparue prématurément, d'après ce qui en a été dit jusqu'ici on a bien la sensation qu'elle est fille unique. Or, grâce aux documents obtenus aujourd'hui de Russie, nous apprenons avec surprise que le comte Stackelberg est père de onze enfants, pas moins.

Celle de ses filles dont la mort l'attriste si fort est sans doute Elena, morte à Karlsruhe en 1843... Mais jamais il n'est question des autres : Elizaveta, Maria, Sophie, Caroline, ni des fils Otto, Gustave, Ernest, Alexandre...

*« Un des plus beaux visages de la création parisienne
un de ces teints mats pleins de soleil et d'ombre. » Jules Janin*

La mère de Marie Duplessis, Marianne Deshayes, belle brune aux yeux bleus, au sourire triste dont sa fille héritera.

Château du Mesnil où vécurent les aïeux maternels de la future Dame aux camélias.

Son père, colporteur, offre aux paysannes ses bagatelles de la porte.

Le pays normand où, dans les chemins creux, Alphonsine Plessis déchire sa robe et reçoit en rentrant au logis plus de taloches que de caresses.

Alphonsine, grisette, danse à « La Grande Chaumière » avec son étudiant du moment.

Je voudrais aussi te demander conseil
si je doit ou non partir avec Mme Weiler
je suis très embarrassée car j'ai peine à
comprendre cette femme qui tantôt
est bonne à l'excès pour moi et
tantôt change tout à fait de manière
j'attends donc de toi une réponse
et un conseil d'ami
écris moi bien vite et une bien
longue lettre dis moi tout ce que
tu penses ce que tu fais dis moi
aussi que tu m'aimes j'ai besoin
de le croire ce sera une consolation
de ton absence mon bon ange
je suis bien triste ~~ ~~ je t'aime
plus tendrement que jamais
je t'embrasse mille fois sur ta
bouche et partout ~~partout~~ fois

adieu mon ange chéri ne
m'oublie pas trop pense quelque fois
à celle qui t'aime bien
Marie Duplessis

Jeudi Paris

À gauche : quand Marie écrit à Agénor avant d'avoir progressé en orthographe,
« Sel qui t'aime. »

Agénor de Guiche, « l'Antinoüs de 1840 », est aussi le Pygmalion de Marie...

Avec les bonnes manières et la grammaire, il lui fait enseigner la danse et la musique.

La façade du nouvel Opéra de la rue Le Peletier est surtout critiquée pour les statues des Muses qui sont au nombre de huit. On dit que l'absente est certainement la Muse de l'Architecture.

À l'Opéra, Marie Duplessis se soucie plus du spectacle de la salle que de celui qu'offre la scène.

Arsène Houssaye, familier de la « loge infernale », en compagnie de quelques « camélias ».

C'est Jules Janin, le célèbre feuilletoniste du « Journal des Débats », qui présenta Franz Liszt à Marie Duplessis.

De sa plume élégante, Théophile Gautier a tracé un portrait de Marie qui donne bien au modèle son authenticité.

« Les cheveux, noirs de jais, étaient ondés et deux larges bandeaux côtoyant les sourcils se perdaient derrière la tête en laissant voir un bout des oreilles auxquelles brillaient deux diamants. » Alexandre Dumas fils

Dumas fils ne parut s'apitoyer sur le sort de ces « dames » que pour mieux les condamner plus tard dans « le Demi-Monde ».

Le boulevard des Italiens où se retrouve la « fashion » de Paris, hommes de lettres, dandys, artistes et femmes légères, sur cent mètres, pas davantage.

À droite : la célèbre lettre d'adieu de Dumas fils à Marie Duplessis.

Ma Chère Marie. Je ne suis ni assez riche pour vous aimer comme je le voudrais ni assez pauvre pour être aimé comme vous le voudriez. Oublions donc tous deux - vous un nom qui doit vous être à peu près indifférent - moi - un bonheur qui me devient impossible.

Il est inutile de vous dire combien je suis triste - puisque vous savez déjà combien je vous aime. Adieu donc - vous avez trop de cœur pour ne pas comprendre la cause de ma lettre et trop d'esprit pour ne pas me la pardonner.

Mille souvenirs,

A. D.

30 août - Minuit —

Eugénie Doche, créatrice du rôle de Marguerite Gautier, avait sans nul doute rencontré son modèle cinq ans plus tôt.

Le théâtre du Vaudeville où Marie se rendait souvent, ignorant qu'un jour on y créerait la pièce inspirée de sa vie.

1846. MARRIAGE SOLEMNIZED *at the Register Office in the District of* *in the County of Middlesex.*

No.	When Married	Name and Surname	Age	Condition	Rank or Profession	Residence at the time of marriage	Father's name and surname	Rank or Profession of Father
106	Twenty first February 1846	Edward de Perre...	29 years	Bachelor	Count	N° 87 Brompton Row K......	Alphonse de Perre...	Count
		Alphonsine Plessis	22 years	Spinster	....	N° 87 Brompton Row K... ..	Jean Plessis	Gentleman

Married in the Register Office

This Marriage was solemnized between us { Cte Ed. PERRE... / A. PLESSIS } *In the presence of us* { F. FERRY / H. BLACKWELL } *Before me :* J. D. STROTHER, *Registrar.*

SAMUEL CORNELL, *Superintendant Registrar.*

I CERTIFY that the above-written is a true Copy of an Entry in the Register Book of Marriage, in the District of K...

Book, No 1 *Extracted this 19th Day of August 1846.* J. D. STROTHER, *Registrar.*

Lola Montès, amie de Marie, la précéda dans les bras de Franz Liszt...

... Et Alice Ozy dans ceux d'Édouard de Perrégaux.

Les armoiries composées pour Marie Duplessis aux supports d'un léopard et d'une licorne portent d'argent à trois chevrons de sable au chef d'argent chargé d'un lézard de sinople se mirant dans un miroir d'or.

Extrait de l'acte de mariage du comte de Perrégaux et d'Alphonsine Plessis, expédié à cette dernière en août 1846, sur sa demande.

Le comte de Stakelberg (assis à l'extrême droite), jeune et influent lors du Congrès de Vienne, sera un vieux monsieur quand il rencontrera Marie Duplessis.

Au Café de Paris, la « femme la plus élégante de la capitale » dîne à la table du docteur Véron en compagnie des dandys et des artistes à la mode.

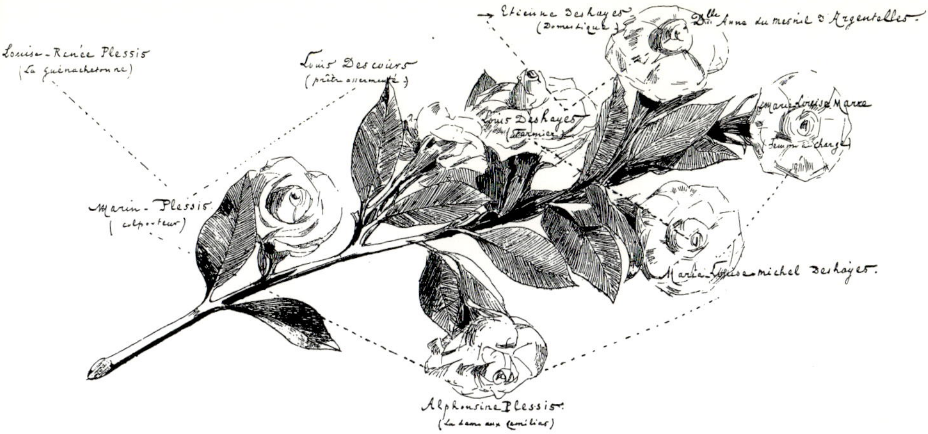

L'arbre généalogique d'Alphonsine vu par Gérard de Contades.

« La Maison de conversation » à Bade où Marie danse jusqu'au matin, faisant de nombreuses conquêtes.

Au foyer des artistes de l'Opéra, Marie Duplessis retrouve ces messieurs du Jockey Club. Debout à droite, Lautour-Mézeray qu'on appelle « l'homme aux camélias ».

Portrait de Marie commandé par Pierre de Castellane à Chaplin ; ainsi la voyait Liszt (ci-dessus, à droite) « si gracieuse, si pleine d'esprit et d'abandon enfantin ».

Le duc de Narbonne-Pelet (ci-dessus, à gauche) fait à l'ancienne paysanne les honneurs de son château. Elle y séjourne un mois dans la chambre située au premier étage, à l'extrême droite.

Olympe Aguado (à droite) est peut-être l'auteur de la seule photographie de Marie Duplessis que nous connaissions.

L'unique photographie de Marie Duplessis parvenue jusqu'à nous.

À droite : aux portes de la mort, Marie implore de Ned un pardon qui viendra trop tard.

Pardonnez moi mon cher
Edouard je vous en prie
à deux genoux —
Si vous m'aimez assez
pour cela rien que deux mots
mon pardon... et votre amitié
écrivez moi poste restante
à Ems duché de Nassau
je suis seule ici et très
malade ~~[illegible]~~ cher Edouard
vite mon pardon adieu —

Marie Duplessis

« À demi couchée auprès de sa fenêtre, dans son fauteuil de damas rose, son corps jadis si disputé, maintenant réduit à rien, elle regarde au-dehors le mouvement de la vie qui continue sans elle. »

Le 16 janvier, deux semaines avant sa fin, Marie fait acheter par M. Privé, le concierge, du sirop, du pain, du lait... et du champagne !

Dickens s'indigne du fait que Paris se préoccupe plutôt de la mort d'une courtisane que des événements politiques.

« Le plus grand éloge qu'on en puisse faire, c'est qu'elle mourut à la peine, c'est que son âme eut bien vite assez de la vie que menait son corps et qu'elle le tua pour en finir. » Paul de Saint-Victor.

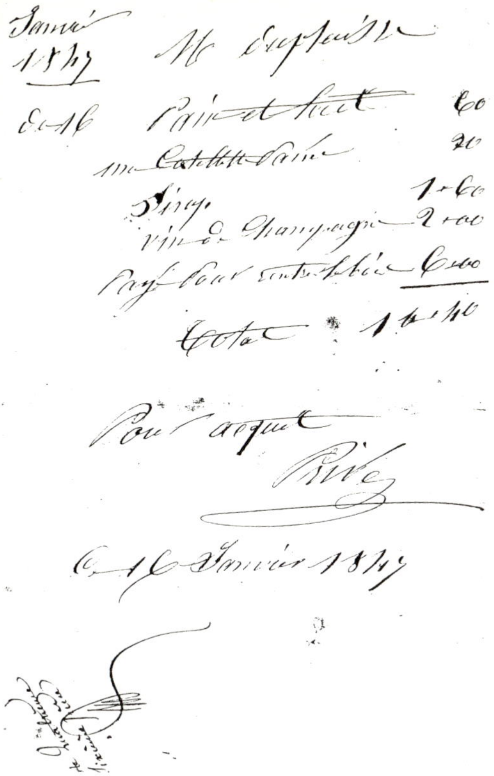
Janvier 1847

du 16 Pain et lait 60

Sirop 1.60

vin de Champagne 2.00

Total

Pour acquit

le 16 Janvier 1847

*Le fameux tableau, peint par Vidal,
qui passa un siècle dans le grenier des descendants,
avant d'être vendu aux enchères en 1960.*

Quand le dernier, Reinhold, naît à Naples en 1827, son père a 61 ans. Parcours amoureux pour les Stackelberg et... géographique, la carrière diplomatique du père entraînant à travers l'Europe, de Berlin à Rome, de Vienne à Turin, de Naples à Paris, une famille qui s'accroît au gré des divers postes de l'ambassadeur. Ainsi, non content d'avoir été le « bourreau des vierges », le séducteur des grandes duchesses, des dames de la cour d'Autriche et d'Italie, Stackelberg a fait dix enfants à sa femme, onze si l'on compte celui qui est mort en bas âge. Nous sommes loin du papa éploré et honorable tentant de ramener une fille de joie sur les chemins de la vertu.

Quant au veuf, invention destinée à rendre encore plus navrante l'infortune de cet homme inconsolable... Qu'on se console ! la comtesse est bien vivante, elle reçoit tous les vendredis, rue de la Chaussée-d'Antin ; on y trouve, dit le maréchal de Castellane dans ses Mémoires, tout le corps diplomatique et beaucoup d'étrangers. Elle mourra en 1868, ayant survécu dix-huit ans à son mari.

Curieusement, les trois amants de Marie sont logés rue de la Chaussée-d'Antin : Stackelberg au 7, Perrégaux au 9, Dumas au 43 bis.

La fleur du camélia

« Il aimait ce nom-là, Marie, fait disait-il pour être soupiré dans l'extase. »

Gustave Flaubert

« DÉSORMAIS, note le nouvelliste du *Siècle*, dans un certain monde, on ne s'entretient que d'elle ; on ne s'occupe que de ses fêtes, de ses bals, de ses soupers. » On ne prête qu'aux riches ; l'entresol du 11, boulevard de la Madeleine que Gustave de Stackelberg offre à Marie Duplessis au retour de Spa ne comporte aucune salle pouvant permettre un bal. L'appartement est agréable ; par bonheur nous avons pu le visiter avant l'horrible éventration qu'on vient de lui faire subir ; il ne comptait pas plus de cent cinquante mètres carrés.

C'est un bel appartement cossu, mais nous sommes loin de l'hôtel particulier de Mlle Mars, « étouffant de luxe », des somptuosités d'Alice Ozy, plus tard de Marguerite Bellanger.

Mais Marie, elle, a des envies d'objets précieux, de toilettes, plus raffinées que tapageuses. Il ne faut pas oublier que nous sommes encore sous Louis-Philippe ; après 1848, on verra l'énormité des crinolines, l'excès des satins, la profusion des « bouillonnés », l'exagération des grandes capelines.

Par ses tenues Marie Duplessis est un Gavarni, non un Winterhalter... Et puis, disons-le, elle est certainement la moins économe de toutes les courtisanes qui ont souvent un coffre-fort à la place du cœur, et sont maîtresses dans l'art de thésauriser. Ces dames, bien que portant jarretières de dentelle, ne dédaignent pas le bas de laine. Enfin, un homme comme Gustave de Stackelberg, flatté d'avoir à ses côtés une aussi belle personne, tient à exhiber publiquement la preuve de ses prodigalités. Marie porte les sublimes fourrures de Revillon, des pelisses, des pèlerines, des manchons de chinchilla, des boas de zibeline dont elle s'enveloppe, pelotonnée dans le fameux coupé bleu ; elle possède aussi un cabriolet de chez *Doldrigen* offert par le comte. Stephen Drake et Tony procurent les chevaux dont elle change souvent. C'est qu'elle monte, et pour cela il lui faut sa cravache à pommeau d'or, son costume de chez *Humann* ou *Drapier*, « ceux qui habillent les lions ».

Elle est « à mourir dans son amazone de velours de duvet de cachemire marron, le buste moulé dans le corsage à basquines avec revers rabattus, sur chemisette montante, à petit col cavalier et manches Amadis à parements ». Nous savons par Dumas qui l'accompagnera souvent que « la nature fiévreuse de Marie Duplessis se plaisait aux promenades à fond de train » dans la forêt de Saint-Germain. Dommage de ne pas connaître l'amoureux dont Arsène Houssaye nous a transmis les impressions :

« *Intrépide amazone ! Ah qu'elle était donc belle*
Au bois, caracolant ! la poussière volait
Au ciel ! chaque caillou devenait étincelle !
Le vent est moins léger, moins prompte l'hirondelle !
C'était sous la feuillée, une ombre qui sifflait !
Ô Marie, où vas-tu fouler le serpolet ? »

Marie est si exigeante sur la qualité des pur-sang de son équipage que les maquignons vont les chercher jusqu'en Angleterre, elle les veut inscrits au *Stud Book*. Son écurie, d'un loyer de 600 francs par an, est au 35, rue Caumartin. Elle a cocher, cuisinière et femme de chambre et même, à certains moments, groom et valet de pied « tenus de manière irréprochable », note *L'Illustration*.

Salomon, *Halphen* et *Mellerio* sont ses bijoutiers favoris ; on ne saurait dénombrer les rivières qui serpentent autour de son cou, et les bagues chatoyantes, et « des colliers, des bracelets, des émeraudes », répètent à l'envi tous ceux qui l'ont approchée et se sont faits les laudateurs de sa personne.

Elle a toujours recours au coiffeur, M. Dezoutter, qu'on appelle par dérision Dégoutter et qui, à raison de 60 francs par mois s'occupe des boucles de Madame et « fait la barbe à Monsieur »... Quel monsieur ? Ce n'est plus certes Perrégaux qui se fait rare depuis que Marie a quitté la rue d'Antin. Serait-ce le comte russe ? Il habite chez sa femme et ne doit pas être chez Marie à l'heure où un homme prend soin de son menton... Et pourtant, nous savons qu'il assiste à sa toilette. Par-dessus tout, il raffole de sa tenue, lorsqu'en camisole blanche, elle porte ces caleçons de soie noire (Marie est frileuse) qui lui font les jambes si longues. Lui, pendant ce temps, a revêtu une robe de chambre de damas bleu. Cette intimité ressemble plutôt à celle de deux amants qu'à celle d'un père avec sa fille. Liens incestueux dont la petite paysanne a dû subir autrefois la perversité. Bien qu'ayant ensuite enrichi son expérience des divers fantasmes de ces messieurs, Marie garde inattaquée la transparence d'un regard sans flétrissures qui a de quoi rendre fous les libertins, particulièrement lorsqu'ils ne sont plus très jeunes.

Mais s'il est raisonnable d'écarter l'idée des bals et des fêtes boulevard de la Madeleine, on ne peut nier l'importance des invitations à dîner, ainsi qu'en attestent les nombreuses factures que gardait la jeune femme et l'inventaire interminable de la vente après décès, dans lequel figurent deux caisses d'argenterie de quinze et soixante couverts et les principales pièces de son service, en tout cas celles qui ne passèrent pas par les fourches caudines du mont-de-piété.

La chère est toujours, chez Mlle Duplessis, d'une grande délicatesse ; elle est apportée par *Chevet,* le plus réputé des traiteurs ; on sert les convives dans une vaisselle d'argent, dans le cristal, on sable le vin d'Aï, mais on boit aussi le fameux pommard, qui a la préférence de Marie sur les autres vins.

La maison ne reste pas un jour sans fleurs fraîches... Fantaisie qui n'est pas des moindres. Mme Barjon ou la maison *Ragonot* montrent que Marie ne s'en tient pas aux seuls camélias ; chaque saison voit sa floraison propre décorer les pièces de l'appartement, sans parler du vestibule original dont les fleurs grimpent au mur enroulées sur un treillis de bois doré. Bien que de variétés différentes, on ne voit boulevard de la Madeleine que des fleurs sans parfum. « Les parfums me rendent malade », répète-t-elle souvent.

Outre la quantité de fournisseurs auxquels elle a recours, n'oublions pas le vétérinaire prodiguant ses soins à Tom et Dache, les deux chiens chéris, et à son perroquet. C'est une nécessité vitale pour Marie de se dévouer pour les animaux, de caresser les pétales de fleurs en passant, d'ouvrir sa bourse aux défavorisés, bref, de faire un peu éclater un cœur dont finalement les hommes se soucient peu. Il lui est arrivé de dire à l'homme qui l'achète : « Tu sais, l'amour que je te donne c'est de l'amour vrai. Je voudrais être toute à toi. » Flatté malgré tout, l'homme dans un sourire répond qu'il n'en demande pas tant et voyant Marie au bord des larmes s'écrie qu'elle n'est pas drôle ! Si elle n'est pas gaie, il ne viendra plus la voir. Elle fait alors cette constatation devant Mlle Judith : « On a tort d'avoir un cœur quand on est courtisane, on en meurt. »

Un jour de septembre 1844, alors que Marie Duplessis vient de rentrer de Spa accompagnée de Stackelberg, Alexandre Dumas fils est allé à Saint-Germain rendre visite à son père qui écrit les dernières pages du *Comte de Monte-Cristo.* Il a rencontré en route Eugène Déjazet, fils de l'illustre actrice Virginie Déjazet. Bonne mère, elle passe tout à ce flâneur superficiel. Elle l'adore et le traite comme un enfant. Lui la traite comme un banquier... Le fils de l'auteur et celui de l'actrice, tous deux enfants naturels et désœuvrés, sont faits pour s'entendre. Eugène a quelques années de plus qu'Alexandre, celui-ci vénère sa mère Catherine Lebay, pauvre lingère abandonnée jadis par Dumas, celui-là, né de père inconnu, élevé dans les jupons souvent envolés de la Déjazet, la traite avec la désinvolture des enfants trop gâtés par une mère sans vertu.

« Nous avions monté à cheval ensemble, raconte Dumas, et riant et causant, au galop de deux chevaux loués chez ce Ravelet que tous ceux de ma génération ont bien connu, nous avions parcouru cette belle forêt de Saint-Germain... Nous étions revenus à dîner à Paris et nous étions entrés au théâtre des Variétés où nous avions pris place à l'orchestre. »

C'est la saison où la plupart des salles de spectacle sont encore fermées sauf la Comédie-Française, parce que Rachel vient d'y effecteur sa rentrée et qu'elle peut « faire le plein » pendant douze mois de l'année, et l'Opéra, où « des hommes qui ont été beaux lorgnent des femmes qui ont été belles ».

Les deux jeunes gens n'ont cure de traîner leurs gilets dans ces théâtres de fossiles ; ils ont envie de se divertir. Par bonheur, les Parisiens restés à Paris ont le choix entre le Palais-Royal et les Variétés.

La bouffonnerie proposée peut s'intituler *La Carmagnole, Les Cuisiniers, Le Gamin de Paris* ou *Le Vampire,* qu'importe. On vient aux Variétés pour y applaudir les acteurs comiques : Potier, Brunet, Tiercelin ou Hyacynthe qui tire le plus fort de sa verve de l'importance de son appendice nasal.

Parmi les femmes, la grosse Flore lui donne une joyeuse réplique et la Boisgonthier, rude gaillarde, ne dédaigne pas les mots crus. Ce sont les dames du rire canaille. De jolies créatures s'opposent à elles : divertissement n'exclut pas séduction, et ces messieurs de l'orchestre apprécient le charme et les charmes de Mlle Olivier et de Virginie Duclay « un sylphe, un zéphir », et de Mlle Alice Ozy alors fort lancée, « ingénue et rieuse » qui rime avec « très aventureuse » et que nous connaissons déjà puisque M. de Perrégaux l'a lâchée pour Marie Duplessis, « cette intrigante qui se donnait des airs de chasteté ».

L'année où Mme Doche crée *La Dame aux camélias* on donnera, selon un usage courant à l'époque, une parodie : *La Dame aux cobras,* dont le rôle de la courtisane sera tenu par Alice Ozy qui se livrera ainsi, sans qu'on s'en doute, à une vengeance contre sa rivale morte, en la singeant sur les planches.

Des beautés sur scène, mais d'autres beautés dans la salle où, « sous de charmantes capotes de crêpe blanc, rapporte le vicomte de Launay, se cachaient les regards les plus doux, les traits les plus fins... des physionomies de roman, des chevelures ossianiques, des pâleurs byroniennes, un mélange délicieux de fragilité et de fraîcheur, de mélancolie et de jeunesse à troubler la plus robuste raison ».

On soulignera non sans le déplorer qu'il devient difficile de distinguer une lionne ou une lorette d'une duchesse. Une même élégance les confond. L'une jouant aussi bien de l'éventail que l'autre, toutes ont l'aisance et le bon ton et minaudent en respirant les « sels ranimateurs de Guerlain » appendus à leur châtelaine. « Que voulez-vous, s'exclame Delphine de Girardin avec esprit, jouant sur la musique des mots : elles portent les mêmes chapeaux, elles lisent les mêmes journaux, elles aiment les mêmes héros. Or quand on a les mêmes parures, les mêmes lectures, les mêmes aventures, on est bien près d'avoir les mêmes allures. »

Eugène Déjazet et Dumas fils ne savent plus devant tant de « sylphides » à quel corsage se vouer, à quel regard fixer leur lorgnette. Les éventails s'agitent, voilent et dévoilent par légères saccades les pupilles noires ou bleues animées d'une curiosité bien légitime à la vue des deux dandys... Alexandre surtout est très attirant, grand, large d'épaules, il porte la tête droite, ses traits sont réguliers, son visage expressif, ses cheveux crêpelés rappelant ses origines sont châtain clair contrairement à ceux de son père et ses yeux sont d'un bleu pâle ou vif selon les sentiments qui l'habitent. Il est fier de ses mains aristocratiques et de ses pieds petits et fins. Son premier accueil est souvent réservé ; il y a chez lui un grand fond de timidité abritée derrière une brusquerie voulue.

Quand sa lorgnette s'arrête sur « l'avant-scène du rez-de-chaussée à droite de l'acteur », c'est-à-dire côté cour, il reconnaît évidemment la jolie fille qui l'occupe ; elle est lancée depuis deux ou trois ans dans la haute galanterie parisienne « où sa beauté et sa dépense étaient devenues proverbiales ». C'est la lorette en robe volantée qu'il a admirée quelques mois plus tôt entrant et sortant du magasin *Susse*, place de la Bourse.

Elle semble seule dans sa loge, « ou du moins, on n'y voyait qu'elle, entre un bouquet et un sac de bonbons, respirant l'un, grignotant l'autre, écoutant peu, lorgnant à tort et à travers, échangeant des sourires et des regards, se penchant de temps en temps dans le fond de sa loge pour converser un moment avec celui qu'on ne voyait pas ».

Deux anomalies prêtent à sourire dans le texte de Dumas fils... Il est peu probable que Marie respire un bouquet ; nous savons qu'elle ne supporte pas les parfums ; s'il ne s'agit pas de camélias, ce ne sont certainement pas des fleurs odoriférantes.

Autre petite chicane — et nous nous en prendrons cette fois à l'écrivain : peut-il expliquer comment on s'y prend pour grignoter un *sac* de bonbons ? Il n'importe... Dumas attendait la minute où « cette femme blanche si royalement belle » se trouverait à nouveau face à lui.

« Rien ne saurait rendre l'angélique expression de son visage dans l'encadrement d'ombre des longues anglaises qui posent leur éclat de jais sur la blancheur de l'épaule... » Du fond des loges obscures et du milieu de l'orchestre, « des regards brûlants comme des volcans s'élançaient vers elle ».

Marie, indifférente à tout, et particulièrement à ce qui se passe sur scène, jette d'un groupe à l'autre des regards négligents, accordant parfois un signe de tête ou un bref sourire en réponse à un salut qu'on lui adresse. De qui, de quoi se préoccuperait-elle ? Son narcissisme a amplement trouvé satisfaction quand, à son entrée, elle a produit l'effet escompté, laissant d'un geste las sa pelisse de zibeline glisser de ses épaules transparentes entre les mains de Stackelberg. Pour elle, la soirée est réussie, et terminée. Soudain Dumas fils la voit s'animer et communiquer par signes télégraphiques avec une personne peu distinguée assise dans la loge en face de la sienne. C'est Clémence Pratt, ancienne « horizontale » qui masque sous son commerce de modes le commerce moins avouable mais infiniment plus rentable de « procureuse ». Elle est établie cité Vindé, dans la maison contiguë à celle dont Marie occupe l'entresol. Le baron de Plancy la qualifie de « courtier d'affaires » de Marie Duplessis.

Eugène Déjazet pour qui la vie parisienne a peu de secrets connaît Clémence Pratt. Sur la demande d'Alexandre, il se rend dans sa loge et la charge de servir d'intermédiaire entre eux et la belle. « Il fut convenu, relate Dumas, que nous irions après le théâtre chez elle et que si le comte ne l'accompagnait pas jusqu'à sa porte, Marie Duplessis nous recevrait quelques moments. »

Marie se lève avant la fin du spectacle et quitte la salle suivie de Stackelberg. Sur le boulevard, elle prend place dans un phaéton conduit par le comte lui-même et « ils disparaissent emportés au trot de deux superbes chevaux ». Image flottante d'un vieux spectre semblant entraîner jusqu'aux rives de l'Achéron l'une de ces « Willis » sorties de l'imagination de Théophile Gautier, fantomatiques jeunes filles, mortes trop tôt, qu'on voit s'envoler plus qu'elles ne dansent au second acte de *Giselle.*

Un instant après, un « simple fiacre déposait Dumas, Déjazet et Clémence Pratt à la porte de la cité Vindé ». Une modeste cour sépare le logis de la pourvoyeuse de la chambre de Marie Duplessis. Bien souvent, cette cour résonne des appels des deux femmes galantes. Clémence, sous couvert d'une grande amitié, est plus la débitrice que la bienfaitrice de Marie dont elle ne manque jamais de tirer toutes sortes d'avantages.

L'entresol du boulevard de la Madeleine n'est pas encore achevé. Stackelberg n'a pas lésiné sur le choix des tissus, des meubles, des objets. Meubles en marqueterie, palissandre, bois de rose et bois sculptés supportent les mille petites merveilles dont aime à s'entourer la maîtresse de maison ; vases de Chine, statuettes de Saxe, bergers et bergères, émaux, bronzes florentins ; « tout ce petit art coquet, gracieux, élégant » nous paraîtrait peut-être aujourd'hui un peu chargé...

Dans l'une des nombreuses factures que possède Jean Darnel on peut repérer au nom de Stackelberg la description sèche de « la table d'albâtre aux fleurs peintes, dessus en glace, pieds en cuivre doré » sur laquelle Théophile Gautier s'extasiera en poète : « Une table de milieu aux pieds de bronze, rocaille dorée, or moulu dont la tablette d'albâtre était sous glace guirlandée de fleurs et constellée d'oiseaux. Une princesse aurait regardé deux fois pour s'y accouder. »

Le salon de soie cerise est à peine terminé ; on sait que Marie a commandé quatre-vingt-sept mètres supplémentaires du fameux tissu pour le boudoir attenant dont elle a fait son cabinet de toilette, ainsi que pour le petit salon ; l'ensemble des trois pièces ouvrent par cinq fenêtres sur un long balcon donnant boulevard de la Madeleine.

Par chance pour Dumas fils, le comte de Stackelberg, ce soir-là, est rentré dormir chez sa femme... Bientôt Marie ouvre ses fenêtres et lance un appel désespéré à Clémence : un M. de N. est au salon ; elle voudrait se défaire de sa présence et prie sa voisine de l'y aider. Clémence Pratt répond qu'elle ne peut venir : elle a chez elle le fils Dumas et le fils Déjazet. Qu'à cela ne tienne, rétorque Marie, tout, pourvu que le comte de N. ne s'incruste pas. Est-ce Narbonne-Pelet, est-ce Perrégaux ou tout autre ? Dumas déclarait savoir son nom mais, à l'instar de Vienne ou de Du Hays, fit jouer l'honneur d'un homme et ne communiqua jamais son identité.

Quand le trio entre dans le salon cerise, Dumas est émerveillé par les glaces de Venise qui ornent les murs. Un canapé, quatre fauteuils et quatre chaises recouverts de satin cerise forment le fond de l'ameublement. D'un air distrait, Marie laisse courir ses doigts sur le piano de palissandre signé Ignaz Pleyel et tente de venir à bout de l'*Invitation à la Valse ;* un petit billard permet aux messieurs de tester leur adresse s'ils le souhaitent. Nous ne reviendrons pas sur les cuivres ciselés, les saxes et les candélabres dont les consoles sont encombrées. Dumas lève la tête et admire le lustre à vingt-quatre lumières qui pend du plafond. Un tapis de laine en moquette fond blanc à guirlandes de fleurs étouffe les pas des visiteurs. La soie des trois croisées du salon et des trois portes s'adoucit d'une « neige de mousseline brodée ».

À la cheminée est accoudé un homme grand et mince à l'air contrarié. Marie le traite si durement que, finissant par comprendre, il prend congé rapidement.

Soudain, elle retrouve toute sa gaieté. « Soupons », s'écrie-t-elle, et la petite troupe passe dans la salle à manger tapissée de cuir de Cordoue ; deux bahuts du temps d'Henri II sont surmontés de plats d'argent et de vermeil, la table est en chêne sculpté. Les chaises sont recouvertes du même velours vert que les rideaux et les portières. On peut se chauffer en s'approchant du poêle de faïence. Entre les fenêtres une bibliothèque, à deux vantaux vitrés, contient les œuvres préférées de Marie.

Tandis que Clémence, aidée de la fidèle Clotilde, se lance dans l'improvisation du léger souper, Marie s'est absentée et revient dans l'une de ces robes d'intérieur en soie qu'elle porte chez elle et qui lui donnent l'air d'une marquise du XVIIIe... Dans sa poche, elle serre le lézard de la bohémienne. La lumière douce baigne d'une onde floue son visage et en accuse encore la suavité des lignes. Bientôt, la gaieté, favorisée par les perles d'or du Moët-et-Chandon, tourne au libertinage. Dumas regarde avec surprise le changement de cette personne dont l'air de décence ne pouvait laisser soupçonner l'ardeur avec laquelle elle entonne les refrains les plus scandaleux en riant aux éclats sans la moindre retenue... Le feu aux joues, les yeux brillants, un rire plus intense entraînent chez la courtisane une violente quinte de toux. Elle doit se lever et sortir de table. Elle s'enfuit dans son boudoir ; Alexandre la suit et la trouve renversée sur un canapé, sa robe défaite. Sur la table une cuvette est posée dont l'eau est encore marbrée de filets de sang.

Cette scène fut absolument vécue, assure Dumas fils.

« Je m'approchai d'elle sans qu'elle fît un mouvement, je m'assis et pris celle de ses mains qui reposait sur le canapé.

“ Ah ! c'est vous ? ” me dit-elle avec un sourire.

Il paraît quc j'avais la figure bouleversée, car elle ajouta :

“ Est-ce que vous êtes malade aussi ?

— Non ; mais vous, souffrez-vous encore ?

— Très peu ; et elle essuya avec son mouchoir les larmes que la toux avait fait venir à ses yeux ; je suis habituée à cela maintenant.

— Vous vous tuez, Madame, lui dis-je alors d'une voix émue ; je voudrais être votre ami, votre parent, pour vous empêcher de vous faire mal ainsi.

— Ainsi, vous me soigneriez ?

— Oui.

— Vous resteriez tous les jours auprès de moi ?

— Oui.

— Et même toutes les nuits ?

— Tout le temps que je ne vous ennuierais pas.

— Comment appelez-vous cela ?

— Du dévouement.

— Et d'où vient ce dévouement ?

— D'une sympathie irrésistible que j'ai pour vous.

— Ainsi vous êtes amoureux de moi ? dites-le tout de suite, c'est bien plus simple.

— C'est possible ; mais si je dois vous le dire un jour, ce n'est pas aujourd'hui.

— Vous ferez mieux de ne me le dire jamais.

— Pourquoi ?

— Parce qu'il ne peut résulter que deux choses de cet aveu.

— Lesquelles ?

— Ou que je ne vous accepte pas, alors vous m'en voudrez, ou que je vous accepte, alors vous aurez une triste maîtresse ; une femme nerveuse, malade, triste, ou gaie d'une gaieté plus triste que le chagrin, une femme qui crache le sang et qui dépense cent mille francs par an, c'est bon pour un vieux richard comme le duc, mais c'est bien ennuyeux pour un jeune homme comme vous, et la preuve, c'est que tous les jeunes amants que j'ai eus m'ont bien vite quittée. "

Je ne répondais rien : j'écoutais. Cette franchise qui tenait presque de la confession, cette vie douloureuse que j'entrevoyais sous le voile doré qui la couvrait, et dont la pauvre fille fuyait la réalité dans la débauche, l'ivresse et l'insomnie, tout cela m'impressionnait tellement que je ne trouvais pas une seule parole.

" Allons, dit-elle, nous disons là des enfantillages. Donnez-moi la main et rentrons dans la salle à manger. " »

« Rien n'est plus facile que d'écrire, dira Dumas fils : il suffit d'avoir vingt ans, de souffrir un peu et de dire très simplement ce qu'on a souffert. » À quoi

Jules Claretie, en 1912, répondra dans une lettre à Édouard Pasteur servant d'introduction au précieux livre que possède la Comédie-Française : « Tous les amoureux de vingt ans ne sont pas capables d'embaumer ainsi leur amour. »

Apparemment, Marie Duplessis a l'honnêteté de ne pas d'abord encourager le nouveau soupirant : des hommages, des déclarations d'amour, elle ne cesse d'en entendre. « Si j'écoutais ce que les hommes me racontent je n'aurais pas seulement le temps de dîner », dit-elle. Elle sait qu'Alexandre n'est pas riche ; son père dépense sans compter, au point qu'il lui arrive parfois d'emprunter un louis à son fils. Elle explique au jeune homme, sans rien farder de la vérité, qu'il lui faut 6 ou 7 000 francs par mois, qu'elle le ruinerait en un rien de temps. Elle lui propose de le voir comme un ami, de rire et de causer et lui conseille de ne pas exagérer ce qu'elle vaut car elle ne vaut pas grand-chose... Elle ajoute qu'il ne serait pas question de tromper le comte, il l'abandonnerait et comment vivrait-elle alors ?

Les arguments de Marie ne rebutent point du tout Alexandre. Cette femme le rend fou de désir : « Ce mélange de gaieté, de tristesse, de candeur, de prostitution, cette maladie même qui développait chez elle l'irritabilité des sentiments, comme l'irritabilité des nerfs, tout cela inspirait un désir ardent de la posséder. Des curiosités de la chair, elle avait subi les entraînements et les délices, sans abdiquer une espèce de fierté qui était la décence de sa honte... »

Devant tant d'admiration, Marie vaincue veut bien accepter de l'aimer s'il lui promet d'obéir à toutes ses volontés sans dire un mot, sans lui faire une observation, sans la questionner. Elle veut être libre sans être obligée de rendre compte de ses actions ; en un mot elle le veut « confiant, soumis et discret ». Puis, lui passant un camélia rouge à la boutonnière, elle lui donne rendez-vous pour le jour où le camélia changera de couleur. Elle avoue en pressant la main d'Alexandre sur son sein qui palpite, qu'elle se décide à certaines folies, car sachant qu'elle vivra moins longtemps que les autres, elle s'est promis de vivre plus vite ; devant les protestations d'Alexandre, elle continue en riant : « Oh ! Consolez-vous, si peu de temps que j'aie à vivre, je vivrai plus longtemps que vous ne m'aimerez. »

Voilà posé le premier tête-à-tête d'Alexandre et de Marie... C'est quelques jours plus tard seulement qu'Alexandre aura les honneurs de l'alcôve, quand Marie Duplessis, « enfant douze fois impure », aura échangé le camélia rouge contre un blanc.

Alexandre a de quoi plaire : « Parfait gentleman, dit fièrement son père, montant résolument à cheval, tirant suffisamment l'épée, le fusil, le pistolet, dansant d'une façon supérieure toutes les danses de caractère. » Mais de parfaits gentlemen montant à cheval et bons danseurs, la belle de nuit en a connu plus d'un ; il n'y a pas dans ces qualités, assez courantes somme toute dans le milieu où elle brille, de quoi la surprendre beaucoup. C'est la compassion avec laquelle le jeune homme s'attarde auprès d'elle qui la touche. De ceux présents au souper, pas un ne se soucie de son malaise ; « elle crache le sang quand elle rit trop », déclare Clémence qui continue à chanter avec les autres tandis que Marie quitte la table.

« Je l'avais suivie, dit Dumas, j'avais été ému à ne pouvoir le cacher, j'avais pleuré en lui baisant la main. Cette circonstance... avait pu lui faire voir en moi un autre homme que ceux connus jusqu'alors... » Si, ainsi qu'il le déclare dans son roman, il a une indulgence inépuisable pour les courtisanes, avec les années cette indulgence lui servira de tremplin pour prêcher une pitié moraliste qui reflète une misogynie aiguë ainsi qu'en témoigne ce joli morceau d'anthologie :

« Il faut maintenir les femmes en esclavage... La femme est un être circonscrit, passif, instrumentaire, disponible, en expectative perpétuelle.

C'est la seule œuvre inachevée que Dieu ait permis à l'homme de prendre et de finir, c'est un ange de rebut. La nature et la société se sont donc entendues et s'entendent éternellement, quelles que soient les réclamations de la femme, pour que la femme soit la sujette de l'homme. *Illa sub, ille super.* Il n'y a plus à y revenir. »

Mais en 1845 Dumas fils entre avec d'autres sentiments dans la chambre de la dispensatrice de plaisir : le jeune homme, quand il y pénètre pour la première fois, est saisi, tellement saisi que la description qu'il en donne paraît un peu outrée, notamment en ce qui concerne l'autel sur lequel officie la prêtresse. « Un magnifique lit de Boulle posé sur une estrade avec des cariatides de dix pouces à chaque pied, représentant des faunes et des bacchantes. Les colonnes plates de ce lit sont surmontées d'aiguières entrelacées de vignes au milieu desquelles se jouent des amours. » N'est-ce pas là un délire de poète ? Le catalogue de la vente mentionne brièvement une couchette de palissandre sculpté ; Janin parle également « des sculptures de palissandre sculpté sous le satin rose et les dentelles des rideaux ». Henry Lumière les voit de satin blanc décoré d'un « semis de roses mousseuses »... Les factures détenues par Jean Darnel donnent le bleu pour les murs et des rideaux de dentelle blanche.

Dans l'alcôve, qu'elle soit d'azur ou couleur d'aurore, l'heureux amant est d'abord reçu de minuit à six heures du matin... « Un matin, avoue-t-il lui-même, je ne m'en allai qu'à huit heures, et il arriva un jour que je ne m'en allai qu'à midi. »

Les moments où Dumas est le plus épris sont peut-être ceux où il contemple « la brûlante amoureuse », nue sous un peignoir de laine blanche, qui, ne pouvant trouver le sommeil, s'assied « sur son tapis devant le feu et regarde d'un air triste la flamme du foyer ».

Il s'en souviendra en écrivant d'un trait le long poème publié dans *Péchés de jeunesse* immédiatement après la mort de Marie, et reproduit in extenso à la fin de ce livre.

« Or c'est là qu'autrefois, ô ma chère indolente
Nous restions tous les deux lorsque venait minuit

Et depuis ce moment jusqu'à l'aube éveillés
Nous écoutions passer les heures de la nuit

J'ai rouvert les rideaux qui faits de satin rose
Et voilant au matin le soleil à demi
Permettait seulement ce rayon qui dépose
Le réveil hésitant sur le front endormi. »

Parfois il la rejoint dans son boudoir, « cette oasis divine » où les fleurs s'épanouissent dans les grands « vases de Chine ». Cette oasis a de quoi faire rêver. Ornée d'une « table de sopha », de deux chaises chauffeuses recouvertes de tapisseries. Il faut à Marie Duplessis « une toilette à la duchesse » et une autre toilette formant commode, toutes deux en palissandre bien entendu, sur lesquelles brillent tous les trésors d'*Aucoc* et d'*Odiot,* orfèvres, mille objets où tout n'est qu'or et argent... « où s'épanouissent, dit Henry Lumière, un fouillis de dentelles, guipures, nœuds de ruban chiffonnés avec art et devant la glace de Venise, vases en vermeil, brosseries, flacons en cristal rehaussés d'or, arsenal complet de la coquetterie la plus raffinée ». Nulle chose n'atteste mieux que ce luxueux attirail à quel point Marie Duplessis, selon la remarque de Jules Janin, a poussé l'adoration de soi-même.

Sans doute par pudeur, aucun de ces messieurs ne mentionne « la grande glace avec bidet » portée sur la facture de Klein payée par l'intéressée elle-même... La courtisane, à la coquetterie joint les soins d'une hygiène dont l'époque n'est guère coutumière. De plus elle a la délicatesse de ne pas faire régler par Stackelberg la facture de ce meuble intime.

En dépit de toutes les preuves, y compris celle de Dumas qui écrira en toutes lettres : « La personne qui m'a servi de modèle pour l'héroïne du roman et du drame *La Dame aux camélias* se nommait Alphonsine Plessis, dont elle avait composé le nom plus euphonique et plus relevé de Marie Duplessis », seul Romain Vienne passera complètement sous silence l'événement qui fera survivre à jamais la jeune femme... Tout comme naguère à Perrégaux et sûrement à beaucoup d'autres, ses billets d'amour à Dumas fils sont des ordres de service : cher Adet... ce surnom fabriqué des initiales de son amant A.D. a la même familiarité légère que celui de Ned. Seulement quand elle écrit à Ned qu'elle « sort avec Zélie », elle sort avec Dumas.

Avec Alexandre, elle joue les pécheresses repenties parce qu'elle est femme et lui offre ce qu'il désire entendre... Il n'y a aucun repentir dans le cœur de Marie, mais Dumas, voulant y croire — à une femme qui aime on pardonne plus qu'à celle qui se vend —, forgera de son imagination le remords rédempteur de Marguerite la pécheresse. Et l'amour ? On peut observer un schéma immuable chez Marie Duplessis. Dans les premiers temps d'une liaison, elle y croit... et s'y jette à corps perdu, puis très vite elle se lasse comme si l'argent qu'elle réclame et obtient ternissait l'homme qui la paie. Dumas n'est pas très riche : une invitation à souper, du vin de Champagne, et un bouquet de camélias sont pour le jeune homme plus qu'il ne peut faire...

Marie a bien du mal à « concilier ses affaires et son amour ». Alexandre souffre, il est jaloux, s'impatiente des horaires qu'on lui impose, de la porte qu'on lui ferme, de l'homme qui escorte sa maîtresse à l'Opéra. Au bout de deux mois, les scènes remplacent les mots d'amour et les emportements des sens.

André Maurois souligne que, dans sa naïveté, Alexandre « se croyait placé entre l'Amour et l'Honneur. Ô vanité des majuscules ! ».

C'est compter sans la coquetterie de Marie Duplessis ! Au Théâtre-Français où elle se rend avec le fils, ne va-t-elle pas « allumer » le père ? C'est en tout cas ce que ce hâbleur a rapporté ». L'aventure a lieu un soir où la Comédie affichait *Les Demoiselles de Saint-Cyr,* l'un de ses plus grands succès.

« Je passe dans le corridor, écrit Dumas père dans ses *Mémoires ;* une porte de baignoire s'ouvre ; je me sens arrêté par le pan de mon habit ; je me retourne. C'est Alexandre qui m'arrête.

“ Ah ! c'est toi ! Bonsoir, cher.

— Viens ici, monsieur mon père.

— Tu n'es pas seul ?

— Raison de plus. Ferme les yeux ; passe la tête à travers l'entrebâillement de la porte ; n'aie pas peur il ne t'arrivera rien de désagréable. ”

En effet à peine avais-je fermé les yeux, à peine avais-je passé la tête, que je sentais sur mes lèvres la pression de deux lèvres frissonnantes, fiévreuses, brûlantes. Je rouvris les yeux. Une adorable jeune femme, de vingt ou vingt-deux ans, était en tête à tête avec Alexandre, et venait de me faire cette caresse peu filiale. Je la reconnus, pour l'avoir vue quelquefois aux avant-scènes. C'était Marie Duplessis, la dame aux camélias.

“ C'est vous ma belle enfant ? dis-je en me dégageant doucement de ses bras.

— Oui ; il faut vous prendre de force, à ce qu'il paraît ?... Oh ! je sais bien que ce n'est pas la réputation que vous avez, mais alors pourquoi faites-vous le cruel avec moi ? Voilà deux fois que je vous écris pour vous donner rendez-vous au bal de l'Opéra...

— J'ai cru que vos lettres étaient adressées à Alexandre.

— À Alexandre Dumas, oui.

— Mais à Alexandre Dumas fils.

— Allons donc ! Alexandre est Dumas fils, mais vous n'êtes pas Dumas père. Vous ne le serez jamais.

— Je vous remercie du compliment, chère belle.

— Voyons, pourquoi n'êtes-vous pas venu ?... Je ne comprends pas.

— Je vais me faire comprendre. Une belle fille comme vous ne feint de donner un rendez-vous d'amour aux hommes de mon âge que si elle a besoin d'eux. À quoi puis-je vous être bon ? Je vous offre la protection et vous tiens quitte de l'amour.

— Quand je te le disais ! fit Alexandre.

— Eh bien ! alors, dit Marie Duplessis avec un charmant sourire et en voilant ses yeux de ses longs cils noirs, nous irons vous voir, n'est-ce pas, monsieur ?

— Quand vous voudrez, mademoiselle... ”

En m'inclinant, je la saluai comme j'eusse salué une

duchesse. La porte se referma et je me retrouvai dans le corridor. C'est la seule fois que j'embrassai Marie Duplessis, c'est la dernière fois que je la vis. J'attendais Alexandre et la belle courtisane. Au bout de quelques jours, Alexandre vint seul.

“ Eh bien ? lui demandai-je... Pourquoi ne l'as-tu pas amenée ?

— Sa toquade est passée ; elle voulait entrer au théâtre. C'est leur rêve à toutes ! Mais au théâtre, il faut étudier, répéter, jouer ; c'est un grand travail à entreprendre... Il est bien plus facile de se lever à deux heures de l'après-midi, de s'habiller, de faire un tour au Bois, de revenir dîner au *Café de Paris* ou aux *Frères Provençaux*, d'aller, de là, passer la soirée dans une avant-scène de Vaudeville ou du Gymnase, de souper en sortant du théâtre, de rentrer à trois heures du matin, chez soi ou chez les autres, que de faire le métier que fait Mlle Mars ! La débutante a oublié sa vocation... Puis je te dirai que je la crois malade...

— Pauvre fille !

— Ma foi ! tu as raison de la plaindre. Elle est fort au-dessus du métier qu'elle fait.

— Tu ne l'aimes pas d'amour, j'espère ?

— Non, je l'aime de pitié ”, répondit Alexandre. »

La pitié ne fait pas bon ménage avec l'amour, surtout quand la jalousie, l'anxiété, les soupçons s'en mêlent. Lassé, Adet espace ses visites boulevard de la Madeleine... Marie Duplessis sait de quels effets sont suivis les rendez-vous remis et les airs absents d'un amant naguère empressé.

Tombant une ou deux fois sur l'obstacle Stackelberg ou sur l'inconvénient Perrégaux, Dumas, sentant que sa maîtresse « ne saurait rentrer au devoir », s'éloigne. Mais, peu courageux comme bien de ses pareils, il ne parvient pas à rompre ; ce que voyant, Marie, brave fille, lui fait parvenir ce petit mot dans lequel nous trouvons beaucoup de sympathie et rien d'autre :

« *Cher Adet, pourquoi ne m'as-tu pas donné de tes nouvelles et pourquoi ne m'écris-tu pas franchement ? Je crois que tu devrais me traiter comme une amie. J'espère donc un mot de toi et je te baise bien tendrement comme une maîtresse ou comme une amie à ton choix. Dans tous les cas je te serai toujours dévouée.*

Marie. »

Les raisons qui mettent fin à l'aventure sont d'autant plus contradictoires qu'elles sont toutes deux fournies par le principal intéressé. Si l'on en croit le poète, il s'agit du « soupçon d'un amour inconnu ». Devant M. Blaze de Bury, il évoquera un prétexte plus futile encore :

« Je me rappelle exactement cette date (le 7 octobre 1845, création des *Mousquetaires*) parce que c'est ce jour-là que je me brouillai avec Marie Duplessis pour n'avoir pas pu lui procurer une loge de galerie. »

S'armant de courage, Alexandre écrit la fameuse lettre dont plus tard, on ne sait comment, il redeviendra possesseur puisqu'il l'offrira en hommage à Sarah

Bernhardt lorsque, à la reprise de 1882, elle interprétera le rôle-titre de la pièce. La voici :

« *Ma très chère Marie, je ne suis ni assez riche pour vous aimer comme je voudrais, ni assez pauvre pour être aimé comme vous le voudriez. Oublions donc tous deux, vous un nom qui doit vous être à peu près indifférent ; moi un bonheur qui me devient impossible. Il est inutile de vous dire combien je suis triste, puisque vous savez déjà combien je vous aime.*

Adieu donc. Vous avez trop de cœur pour ne pas comprendre la cause de ma lettre et trop d'esprit pour ne pas me pardonner.

Mille souvenirs.

A.D. 30 août. Minuit. »

Il est aisé de voir que des deux, c'est Alexandre le plus touché, car tandis que Marie, détachée, n'éprouve aucune gêne à le « baiser tendrement », Alexandre ne parvient pas à dépasser la politesse convenue des « mille souvenirs ». Aussi c'est avec soulagement que Dumas fils va répondre à l'invitation de son père : le comte de Salvandy, ministre de l'Instruction publique, ayant visité l'Algérie regrette que ce beau pays soit si mal connu des Français. Il propose à Dumas père de s'y rendre et d'y composer deux ou trois volumes... C'est une idée de l'écrivain Xavier Marnier, persuadé, vu l'immense notoriété de l'auteur des *Trois Mousquetaires*, qu' « il aurait trois millions de lecteurs à qui on donnerait le goût de l'Algérie ». Salvandy souscrit au projet, finance l'entreprise et Dumas accepte à condition qu'il puisse emmener « à ses frais » son fils Alexandre, son collaborateur Auguste Maquet, et le peintre Louis Boulanger. Il demande en toute simplicité un bâtiment de guerre pour les promener tout au long des côtes d'Algérie, trouvant absolument naturel d'avoir un traitement « réservé aux princes » :

« Quand désirez-vous partir ? demande le ministre.

— J'ai deux ou trois romans à finir. C'est l'affaire de quinze jours... »

Pareille célérité a de quoi surprendre mais il est vrai que contrairement à son fils qui sera toujours seul face à son manuscrit, Dumas emploie à l'élaboration de son œuvre de nombreux rédacteurs.

Le voyage est fabuleux, fastueux, excentrique. Dumas en fait une relation passionnante comme un roman. Escortés d'un nègre d'Abyssinie nommé « Eau de Benjoin » qui leur est offert par le traiteur *Chevet,* les quatre hommes forment un groupe avide de connaissances historiques et géographiques, autant que de bonnes fortunes. On passera en Espagne afin d'assister à des doubles noces, celles de la reine Isabelle II avec l'infant Don François d'Assise surnommé Paquita et celles du duc de Montpensier avec la sœur, « jolie, beaux yeux, cheveux admirables, port de tête très noble, physionomie charmante ».

Père et fils ont plus d'une aventure. Marie Duplessis est remplacée par des Carmen et des Conchita à la peau ambrée. De Madrid le 18 octobre Alexandre envoie à la jeune malade une lettre communiquée à André Maurois, lettre capitale parce qu'on y voit que l'image de Marie n'est pas effacée de l'esprit du jeune homme et qu'elle s'y associe au remords qui le hante :

« *Moutier arrive à Madrid et me dit que quand il a quitté Paris vous étiez malade. Voulez-vous me permettre de m'inscrire au nombre de ceux qui s'attristent de vous voir souffrir ?*

Huit jours après que vous aurez reçu cette lettre je serai à Alger. Si je trouve à la poste restante, un mot à mon nom, et qui me pardonne une faute que j'ai commise il y a un an environ, je reviendrai moins triste en France, si je suis absous, et tout à fait heureux si vous êtes guérie.

A.D. »

La lettre restera sans réponse, non comme le pense Janin, « parce que à force d'avoir vu ses affections brisées et d'obéir à la nécessité de passer d'un amour à l'autre, la belle était devenue indifférente »... mais bien plutôt parce qu'elle avait cessé de l'être.

Des pluies de fleurs

> « *Marie, qui voudrait votre nom retourner,*
> *Il trouverait aimer : aimez-moi donc,*
> *Marie,* »
>
> Pierre de Ronsard

TANDIS que les Dumas courent le jupon espagnol, Marie Duplessis fait la connaissance de l'homme qui va lui inspirer la passion la plus intense et hélas la plus fugace parce que la dernière de sa vie. Il est beau, il est blond, c'est un demi-Dieu, tout Paris se l'arrache, les femmes surtout, c'est le plus grand virtuose de son époque : Franz Liszt.

Dégagé depuis peu des étreintes devenues contraignantes de la comtesse d'Agoult, Liszt est sans contredit l'artiste qui trouve les enthousiastes les plus absolus, comme les détracteurs les plus ardents. Sa rivalité avec Thalberg quelques années plus tôt a fait couler beaucoup d'encre. Un mot de la célèbre princesse Belgiojoso, qu'on donne pour modèle de la « Sanseverina », a couru alors dans la capitale :

« Thalberg est le premier pianiste du monde, mais Liszt est le seul. »

Quand il s'assied au piano, qu'il a rejeté plusieurs fois en arrière sa longue chevelure et qu'il commence à improviser, il se jette souvent avec furie sur les touches d'ivoire et maltraite sans pitié les pédales de l'instrument...

Le 16 avril 1845 il a donné au théâtre des Italiens un concert d'un nouveau style auquel Marie Duplessis n'a pas manqué d'assister. Sur scène, deux pianos sont installés car « Liszt a souvent des pianos tués sous lui, et comme les généraux hasardeux dans les jours de bataille, il a toujours un Hermann ou un Puzzi qui lui tient un Erard tout sellé et bridé ». Ainsi s'exprime Théophile Gautier, qui ne cache pas son enthousiasme devant le tour de force que le musicien renouvellera sur la scène de l'Opéra :

« Sept morceaux de piano, tout secs, sans accompagnement d'orchestre ! cela semble une folie, une gageure impossible à tenir ! Eh bien disons-le tout de suite, ce concert a paru trop court, bien que deux morceaux aient été bissés ! »

L'inspiration, le brio, l'agilité éblouissante du pianiste terminant avec le galop chromatique lui valent une avalanche de bouquets. Marie, debout dans sa loge, lance le sien, participant au « déluge de camélias qui inonde la scène ! ». « C'est un artiste emporté, orageux, volcanique, fougueux comme un titan. » Probablement l'antithèse de Chopin « musicien poète » qui improvise, sur son piano, des *Nocturnes* dont l'âme est touchée.

La notoriété de Liszt n'a rien de comparable à celle de Chopin. Le premier emporte dans ses accords fous les salles de l'Europe entière, tandis que Chopin a une prédilection pour les salons, les réunions intimes, les petits comités. Dans sa vie d'homme, le Polonais est également de tempérament beaucoup plus réservé mais, disons-le, moins noblement généreux que le Hongrois, même si le talent de ce dernier a souvent quelque chose de désordonné, au milieu d' « élévations sublimes ».

Il vient d'entreprendre une stupéfiante tournée des grandes villes de France au cours de laquelle, dit Gilbert Martineau, « le vocabulaire admiratif des journalistes a remué les foules jusqu'à la sottise ».

On compare l'artiste chevelu à Alexandre le Grand entrant dans Babylone. « Il est le ruisseau qui murmure, le torrent qui dévore, le fleuve d'harmonies et l'océan... » Quant au public ! À Lyon les mères sont éplorées, les maris furieux. À Marseille on a édifié des arcs de triomphe et on lui a donné force sérénades. À Bordeaux des jardins ont été dévastés pour confectionner « des pluies de fleurs ». À Marseille encore, on rêve de relever le royaume de Provence et d'offrir la royauté à Franz Liszt et à ses descendants. On lit dans une feuille à Bordeaux : « Je défie qu'on trouve jamais dans l'histoire un général, un empereur, un roi qui aient conquis plus de gloire à la pointe de leur épée que Liszt avec son piano. »

« En entrant dans Paris une troupe de duchesses, de marquises et de baronnes l'attendaient à la barrière d'Enfer et aussitôt que sa chaise a paru, traînée par six chevaux d'une entière noirceur, elles se sont mises à agiter leurs mouchoirs en signe d'allégresse. M. Liszt transporté à cette vue, a tiré son grand sabre hongrois et l'a brandi sur sa tête en exécutant un immense moulinet. »

Il serait aujourd'hui un forcené de la médiatisation et ne refuserait pas les grandes affiches sur les colonnes Morris, les signatures d'autographes et les shows télévisés.

Si l'immense artiste est au sens propre comme au figuré « sur le devant de la scène », notre courtisane dans son espèce de vedettariat n'est-elle pas sur le devant de l'avant-scène ? Il salue, elle applaudit... Tous deux attirent les regards et attisent les conversations. Deux êtres narcissiques et avides de plaire vont se joindre.

Un soir de première à l'Ambigu, l'heure de l'entracte entraîne des spectateurs infiniment moins distingués qu'à l'Opéra. L'abominable foyer mal éclairé est tout rempli de cette foule bourdonnante qui juge d'ordinaire les mélodrames à grand spectacle. On y voit plus de blouses que d'habits, plus de bonnets ronds que de chapeaux à plumes, et plus de paletots usés que de frais costumes. On y parle aussi bien d'art dramatique que de pommes de terre frites. Le parquet est sali de la boue rapportée du boulevard aux semelles des spectateurs. Dans la cheminée brûlent quelques bûches avares...

Franz Liszt désirait voir Jules Janin, fameux feuilletoniste du *Journal des Débats*, peut-être pour mettre au point les détails du concert qu'il veut donner chez lui rue Vaugirard... On a dit à Liszt qu'il était à l'Ambigu. Il s'y rend et retrouve le journaliste au foyer précisément à l'heure de l'entracte. Leur conversation manque d'entrain, Janin est morose... Liszt tente de réchauffer à la flamme de l'âtre ses belles mains engourdies par le froid de novembre, tandis que les silhouettes des amateurs de mélodrame déambulent, l'air sombre.

Quand Marie Duplessis paraît sur le seuil, elle illumine ces ombres burlesques ou féroces d'un seul regard de ses beaux yeux. Elle porte une robe de velours grenat, une écharpe de gaze noire couvre ses épaules, des rubis ornent ses oreilles ; ses cheveux d'ébène moirés sont coiffés en bandeaux, un camélia est piqué dans son chignon. En une seconde, les deux hommes ont tourné le dos à la maigre flambée, sentant dans le grand salon passer le courant inexplicable... Ils ne se trompent pas... Une sorte de remous silencieux entoure Marie. Elle traverse le foyer la tête haute, sans souci de la cohue qui doit s'écarter pour laisser passer l'aimable impénitente dont « l'expression virginale » est devenue l'irrésistible attrait. Janin note que « son maintien répondait à son langage, sa pensée à son regard, son regard à son sourire, sa toilette à sa personne, et l'on eût vainement cherché dans les plus hauts sommets du monde, une créature qui fût en plus belle, plus parfaite harmonie avec sa parure, ses habits et ses discours ».

Marie touche du pied le parquet boueux de la salle comme si elle traversait le boulevard un jour de pluie ; elle relève sa robe par instinct, pour ne pas effleurer ces « fanges desséchées », c'est à peine si l'on aperçoit le pied bien chaussé, la jambe gainée d'un bas de soie à petits jours. Elle est accompagnée d'une amie, Zélia peut-être, une blonde à coup sûr, puisque Marie calcule toujours habilement la loi du contraste qui la met en valeur. Elle a aperçu les deux hommes et reconnaît le célèbre pianiste. Sans aucune gêne, avec une impudente candeur elle attache son regard au sien. Janin ne s'y trompe pas.

« Elle a jeté son dévolu sur vous, murmure-t-il à son voisin. La connaissez-vous ?

— Non, qui est-ce ?

— C'est Mme Duplessis. Vous allez voir qu'elle vous prendra.

— Quelle idée ! » répond l'artiste.

Mais il est intrigué par l'attention marquée dont il est l'objet de la part de « cette très gracieuse personne ».

La très gracieuse vient prendre place avec son amie aux côtés du musicien sur la banquette de cuir. Malgré cette attitude familière d'une jeune femme s'adressant à un inconnu la première, même si cet inconnu est célèbre, Marie, lui parlant simplement, le traite pourtant avec une certaine hauteur, « comme si c'eût été lui-même qui lui eût été présenté à Londres au cercle de la reine ».

On entend bientôt frapper les trois coups. Le foyer se vide des spectateurs, curieux de connaître la suite du mélodrame... Marie et sa silencieuse compagne restent assises... Liszt subjugué ne songe pas à suivre la foule qui s'écoule vers la salle de spectacle. Il a écouté l'inconnue, maintenant il l'observe ; elle s'approche du feu et avance ses pieds vers les bûches, si bien qu'il peut voir les plis brodés de son jupon

(Marie soigne particulièrement la qualité de ses lingeries), le mouchoir orné d'une dentelle royale, sa main gantée à ravir et la finesse de son bas de soie. Elle porte toutes ces belles choses comme si elle était née « sous quelque lambris doré des grands faubourgs, un monde flatteur à ses pieds ».

L'amateur de femmes qu'est Franz Liszt ne laisse pas que d'être surpris. Bien que « n'étant pas partial en général pour les Marion Delorme et les Manon Lescaut il sent bien que Marie Duplessis est une exception ».

La courtisane n'ignore pas que parmi ses nombreuses aventures, le virtuose a eu maille à partir avec une autre de ses pareilles, Lola Montès, qui, à Weimar, s'est conduite de manière si folle, si éhontée, s'accrochant à ses basques avec une telle obstination qu'après avoir « satisfait sa curiosité », il a dû l'enfermer dans sa chambre d'hôtel avec la complicité du portier.

Après avoir salué Janin qu'elle connaît de vue, Marie s'adresse avec naturel à Liszt. Elle lui dit de sa belle voix douce « qu'elle l'a entendu naguère et qu'il l'a fait rêver ». Elle se montre enjouée, diserte, déploie ses armes et ses charmes. Sans aller jusqu'à parler d'érudition la belle, après cinq ans de parisianisme, a assez vu, assez lu pour avoir des aperçus de tout. Janin, bien que d'assez mauvaise humeur, ne peut s'empêcher d'admirer son « beau langage plein d'idées ». Une ou deux fois par politesse le duo s'adresse au journaliste mais Janin sans illusion « tient pour assuré que la dame le trouva parfaitement maussade, parfaitement absurde, et qu'elle eut complètement raison ».

Charmé de cette « merveille », Liszt se sert à son tour de toute son éloquence, passant d'une idée à l'autre comme son interlocutrice, maniant le paradoxe ; ils choisissent les sujets les plus opposés, elle touche au sérieux, lui au burlesque « et je ne saurais vous dire, écrit le critique, avec quel art, quel tact, quel goût infini il parcourut avec cette femme, dont il ne savait pas le nom, toutes les gammes vulgaires, toutes les fioritures élégantes de la conversation de chaque jour ».

On ne peut que rendre grâce à Dumas fils d'avoir demandé à Janin une préface pour l'édition de 1850 de *La Dame aux camélias ;* grâce à lui nous pouvons revivre cet instant unique. Le critique des *Débats* n'a eu qu'à puiser dans ses souvenirs pour ciseler ce texte dont il n'est pas mécontent ainsi qu'en témoigne le court billet envoyé à sa femme :

« *J'ai dicté ce matin au petit Alexandre Dumas une préface pour la " Dame aux Camélias " et il me semble que la chose est bien venue. Cela n'est pas facile pour un homme grave qui frappe à la porte de l'Académie.* »

Le malheureux Jules Janin frappera longtemps à la porte et ne sera admis sous la coupole qu'en 1870, vingt ans plus tard.

Mais à la sortie de l'Ambigu, en cette nuit de novembre 1845, le critique, à la lumière tremblante d'un réverbère, observe le visage de son compagnon.

Les yeux du virtuose suivent la longue silhouette de Marie montant en calèche, Janin y lit clairement la soudaineté d'un désir impossible à dissimuler ; n'a-t-il pas prédit : « Elle vous prendra » ?

Peu importe celui des deux qui prendra, ou sera pris, la passion va pousser le musicien et la courtisane l'un vers l'autre ; passion attisée par le fameux docteur Koreff, sorte de gnome à la mode qui, hantant les salons, opère d'étranges guérisons.

Ayant soigné Marie quelques mois plus tôt pour une pneumonie, il a ses entrées chez elle et propose à Franz Liszt de le suivre boulevard de la Madeleine.

Le docteur Koreff, « brillant Silésien », premier de cette cohorte des grands juifs épris de culture qui arrivèrent en France au XIXe siècle, est ami de Franz Liszt. Pour certains, il est un médecin certes peu classique, mais au fluide très efficace ; pour d'autres c'est un charlatan qui, à Paris depuis une quarantaine d'années, « magnétise plus qu'il ne purge ». Il a guéri Marie Duplessis d'une fluxion de poitrine au printemps précédent et pour cette raison a ses entrées chez la « demi-mondaine ».

Liszt est surpris de trouver chez la belle personne, avec laquelle il a eu quelques jours plus tôt une si vive conversation, une compagnie choisie. « Ce qu'il y avait de mieux à Paris, le duc d'Ossuna, des écrivains, des artistes de premier ordre », dit-il à Janka Wohl. Et celle-ci avec tout le respect et la discrétion que lui inspire le maître ajoute brièvement : « Il y retourna souvent. »

En effet, Liszt semble très épris ; il assure

« qu'elle a beaucoup de cœur, un entrain tout à fait idéal et qu'elle est unique dans son espèce ».

On dit qu'il lui a donné d'abord des leçons de piano. Ce n'est pas impossible. Certaine facture nous apprend qu'elle a acheté le Pleyel qu'elle louait jusqu'ici et qu'elle le fait accorder. Franz, « généreux comme un prince russe », a pu offrir l'instrument qui les rapproche au-dessus de cette *Invitation à la valse* que Marie désespère de jouer convenablement. Il se trouve que Liszt a une prédilection pour ce morceau de Weber qui lui permet de donner libre cours à sa fougue. Une fois que la musique sous les mains du grand artiste a réuni leurs têtes et leurs cœurs, les corps ne résistent pas à l'appel de la volupté.

Il y a en Marie une nature assez riche en éléments contraires pour entretenir les fièvres du désir. « Dans ce corps hâtivement mûri à la chaleur des caresses, bouillonnent encore les aspirations confuses de l'enfance », écrit Johannès Gros. Sortie de l'ivresse des sens, au réveil qui suit les molles langueurs des nuits embrasées, sous les rideaux de satin rose, c'est sur le front « d'une enfant endormie dans le lit d'une courtisane » que l'amant dépose un premier baiser...

Si un adorateur de Marie a eu le pouvoir de la captiver ce n'est ni Guiche le dandy, ni Perrégaux le banquier, ni Dumas fils, l'homme de lettres, c'est le musicien, l'artiste roi pour lequel l'adulation ne connaît plus de bornes, de Dresde à Moscou, de Berlin à Saint-Pétersbourg, de Lisbonne à Paris. Marie n'ose y croire... Perdue dans sa grande robe de cachemire blanc, elle écoute les battements de son cœur, tandis que le demi-dieu caresse les cheveux de soie en la nommant Mariette. La symphonie amoureuse dure presque trois mois mais Franz doit partir bientôt pour Weimar... Marie souhaite s'y rendre avec lui et trouve pour le convaincre des accents émouvants :

« *Je ne vivrai pas ; je suis une singulière fille et je ne pourrai y tenir à cette vie que je ne sais pas ne pas mener et que je ne sais pas non plus supporter. Prends-moi, emmène-moi où tu voudras ; je ne te gênerai pas, je dors toute la journée, le soir tu me laisseras aller au spectacle et la nuit tu feras de moi ce que tu voudras !* »

Peut-on résister à pareille offrande ? Liszt est tout près de l'accepter mais comment présenter « Mademoiselle » Duplessis à Weimar, où il est maître de chapelle depuis le 2 novembre 1842 ? Comment s'afficher avec elle sans être blâmé ? N'est-ce pas ce qu'il entend par « je présumais qu'il y aurait certains embarras d'installation » ?

Afin de ménager l'amoureuse, il lui fait comprendre qu'elle ne s'y plairait pas... Elle prétend, au contraire, qu'elle ne pourrait s'y ennuyer puisqu'elle se lève à deux heures de l'après-midi, se promène un court moment et se rend le soir au spectacle. Ce n'est pas, à vrai dire, une existence digne de la compagne d'un *kappelmeister.*

Pourtant, Franz ne repousse pas Mariette. Si Weimar s'avère impossible, il envisage de la faire venir à Pest au printemps, après plusieurs concerts donnés à Vienne et à Prague, puis il l'emmènera sur les rives du

Bosphore ; sous des cieux aussi lointains, qui se souciera de la personnalité de sa compagne ? « C'était là le seul voyage sensément possible que je pouvais lui faire faire... Ce voyage à Constantinople dont la perspective la ravissait est une de ces étapes évitées à grand-peine que j'ai toujours regrettées. »

Marie a cru à ce rendez-vous fabuleux ; Franz a voulu y croire, mais il connaît la fragilité de la jeune femme, il en a certainement parlé avec le docteur Koreff. Le « magnétiseur » est assez expert en médecine pour savoir que Marie peut compter les jours qui la séparent de l'inéluctable. Qu'il en ait parlé ou non avec l'artiste, la santé de notre héroïne n'est un mystère pour personne. Les rives du Bosphore miroitant dans un avenir de quelques mois ressemblent à un charitable mensonge de la part de Franz, alors que Marie en fait maintenant son plus cher projet.

Intelligente, elle sait qu'elle pourrait passer pour aristocrate à première vue, mais qu'on découvrirait vite son célibat et ses humbles origines.

Alors, un étonnant dessein germe dans cette jolie tête. L'amour rend une femme capable de tout, même d'un acte un peu fou quoique savamment prémédité. Tout le monde a cherché à comprendre le pourquoi de la cérémonie qui va faire de Marie Duplessis la comtesse Perrégaux trois semaines à peine après le départ de Liszt. À qui d'autre pourrait-elle s'adresser ? Stackelberg est marié, père de famille, Dumas est loin. Quant aux jeunes gens qui l'entourent, ils ne sont pas asservis au point d'entrer dans cette subtile machination. Aussi Marie ne leur demande-t-elle pas l'incroyable preuve d'amour qu'Édouard de Perrégaux va lui donner. Ayant souffert par elle, il est resté présent, dans l'ombre, pour un service à rendre ou quelques moments de réconfort implorés par la malheureuse les soirs où elle est oppressée.

Marie, séparée de Franz, est si proche du désespoir, dans un tel délabrement physique et moral que, pour la voir sourire, Ned donnerait n'importe quoi... Il commet l'imprudence de le lui dire. Elle retrouve ses talents de courtisane, et la coquetterie enfantine à laquelle il n'a jamais su résister :

« M'épouserais-tu si je t'en priais ? M'aimerais-tu assez pour cela ? »

Il l'aime assez, il l'aime encore : ce n'est pas la dernière preuve d'attachement qu'il lui donnera.

La fleur du mal

« *Ô serments, ô parfums, ô baisers infinis.* »
Charles Baudelaire

AIMER un homme au point de se faire épouser par un autre pour aller rejoindre le premier, voilà un sujet de roman que Dumas fils n'avait pas prévu.

Ned, en vue du mariage, se rend en Normandie pour y prendre des renseignements sur la famille et l'enfance de sa fiancée... Renseigné, qui pourrait l'être mieux que lui ? Quand on épouse une pécheresse, est-il nécessaire de savoir si elle a été convenable dans sa prime jeunesse ?

D'après Romain Vienne, les Nonantais restent bouche cousue. Perrégaux ignorera tout de la guenuchetonne, du « Sorcier », du vieux Plantier... En réalité ce sont les actes indispensables au mariage qu'il va quérir. Et pourtant il ne sera pas tenu compte à la lettre de l'identité des personnages sur le registre anglais puisque Marin voit son prénom changé pour celui de Jean et qu'il y est désigné comme « gentleman ».

Quant à la jeune mariée « rentière », il est précisé qu'elle réside depuis son arrivée à Londres sous le même toit que son fiancé au 87, Brompton Row. Elle y figure sous son nom de baptême d'Alphonsine Plessis. Deux témoins, F. Ferry et H. Blackwell, par leur présence ratifient l'authenticité du mariage.

Adet, l'apprenant bien après la parution de son œuvre, fut tenté, dit-on, d'y apporter cette modification. Marguerite Gautier comtesse ? Il eût fallu remanier toute la deuxième partie de la pièce...

Afin de s'éloigner d'une passion dont il pressentait tous les risques, Perrégaux, au moment de l'entrée de Dumas fils rue d'Antin, était décidé à reprendre ses activités militaires ; il avait adressé au ministre de la Guerre une demande de réintégration dans son grade de lieutenant de spahis au 3e régiment d'Afrique. S'appuyant sur la notoriété de son grand-père, le maréchal Macdonald, il prie le ministre d'excuser ses « étourderies de jeunesse » et de le faire rentrer au service. Le maréchal soutient par une belle lettre la prière de son petit-fils. Malheureusement, une démission entraînant la perte du grade de façon irrévocable, l'armée pouvait admettre l'ex-lieutenant dans l'un des deux régiments de Légion « mais seulement au titre d'officier étranger ».

Cette restriction a-t-elle déplu à Perrégaux ou bien, quand il reçoit la réponse, Marie l'a-t-elle déjà ramené à elle ? Il s'abstient de répondre et retourne chez la courtisane, aux rares instants de liberté dont elle dispose entre Stackelberg, Dumas, Liszt et les autres.

Entre-temps Édouard a déménagé et le gouvernement militaire le relance à son domicile, 25, rue de la

Ville-l'Évêque. Cette fois encore les enquêtes de l'armée demeurent sans succès : on ne trouve pas Perrégaux chez lui. Pourquoi ? Parce que l'amour l'avait repris dans ses lacets, « les circonstances de la détermination qu'il allait lui arracher sont demeurées impénétrables », pense Gros.

Naïveté, passion, pitié, quel est le motif du sacrifice que fait à son rang Édouard de Perrégaux ? Le mariage auquel il consent échappe à l'analyse et prend figure d'une complaisance que sa faiblesse seule semble justifier.

N'est-il pas étrange qu'une fois le rite accompli il renonce au profit qui en était l'excuse ?

C'est à Kensington dans le comté du Middlesex qu'aura lieu, loin du « Boulevard », en présence des deux témoins anglais, la déroutante union avec Perrégaux, « bachelor », rajeuni de deux ans pour la circonstance. Alphonsine, elle, porte son âge véritable, vingt-deux ans.

L'union, aux yeux de la loi anglaise, est parfaitement régulière, n'exigeant d'autre formalité que le consentement mutuel des deux parties.

Perrégaux aurait pu la rendre valide pour la France à condition de respecter l'acte prévu par l'article 170 du Code civil en remplissant les prescriptions concernant la publication préalable. Aussi bien il importe peu, puisque les deux orphelins en l'absence de leurs père et mère ne risquaient guère de voir quiconque invoquer la nullité du mariage.

Pourquoi donc, à peine le contrat signé, les nouveaux époux se seraient-ils séparés ? Il est impensable qu'ayant accompli cet acte, qu'il soit d'amour ou de pitié, Édouard abandonne aussitôt sa femme et la laisse rentrer seule à Paris, sans une raison valable.

Une fois comtesse, assurée d'avoir acquis enfin la respectabilité qu'elle poursuivait, Marie a sans doute dévoilé son secret. Perrégaux est joué. Le mariage auquel il a consenti n'était qu'une machination destinée à permettre à l'épousée de rejoindre son amant. La duplicité de Marie tue en Ned ce qui lui restait de tendresse pour la traîtresse.

Il rompt avec elle tout commerce, ainsi que l'atteste l'article du *Gaulois* paru à l'époque :

« M. de Perrégaux vint, au retour d'Angleterre, trouver Alphonsine et la mit en demeure de considérer son union comme nulle ; elle ne fit pas de résistance, déclarant qu'elle allait redevenir Duplessis. Elle fit comme elle avait promis. »

De fait, de retour à Paris, la jeune mariée souscrit à la requête de son époux :

« *Mon cher Édouard,*

Dans tout ce que vous m'écrivez, je ne vois qu'une seule chose à laquelle vous voulez que je réponde, la voici : vous voulez que je vous dise par écrit que vous êtes libre de faire ce que bon vous semble. Je vous l'ai dit de moi-même avant-hier, je vous le répète et je le signe :

Marie Duplessis. »

C'est, paradoxalement, en reprenant son patronyme de roturière que Marie se comporte avec noblesse ; sans pleurs ni prière d'aucune sorte elle abandonne ce nom si chèrement obtenu. Mais non pas son titre. Peu lui importe de s'appeler ou non Perrégaux, ce qui lui importe c'est de présenter du linge, des objets, de la vaisselle portant couronne comtale. Elle en fait mettre partout, même sur sa voiture ainsi qu'en témoigne un mémoire de son carrossier mentionnant « le réchampi des écussons au petit coupé de Madame ».

De sorte que si par aventure Liszt repassait pour quelques jours par Paris il verrait les preuves tangibles de l'honorabilité de sa maîtresse... Mais Liszt ne rentre pas... Les engagements se multiplient pour lui, à l'étranger... Marie reprend sa vie parisienne et reçoit ses amis intimes. On dîne dans une vaisselle simple à fond blanc souligné de bleu ciel dont la soupière est encore visible au musée de Gacé ; elle porte la couronne et les initiales bleues : M.D. Plessis ne veut, Perrégaux ne daigne, Duplessis reste..., mais elle se sert pourtant d'une partie des armes de son époux : d'argent à trois chevrons de sable. Avec l'aide d'un spécialiste, elle se crée son propre écu armorial aux supports d'un léopard et d'une licorne portant : « D'argent à trois chevrons de sable, au chef d'argent chargé d'un lézard de sinople se mirant dans un miroir d'or. »

Le lézard a, pour Marie, vertu de talisman, elle porte toujours dans sa robe d'intérieur ce lézard séché, cadeau de la bohémienne qui, sur la route de Paris, lui avait prédit un destin fabuleux.

Les armes « parlantes » composées pour Marie révèlent le cœur de la dame et signifient : « J'ai toujours été loyale et je porte le deuil de deux chevaliers morts au moment où ils s'intéressaient à moi ; mon esprit est toujours resté jeune et en secret mes espérances se tournent vers le ciel. »

L'un des deux chevaliers morts nous est inconnu. Pour le second, Du Hays dit qu'en fait de mort, il s'agit d'une cruelle trahison. Gros est persuadé que la cruelle trahison ne peut venir que de Perrégaux ayant requis pour la France l'annulation de l'acte officiel dressé en Angleterre. Pourtant, quand Marie écrit à Londres, on lui en fera parvenir une copie sans aucune difficulté. C'est sans doute ce document écrit en langue anglaise que deux messieurs tenteront de retrouver chez Marie Duplessis après sa mort.

En revanche il n'y a aucune trace de l'extravagant diplôme de duchesse qu'une « main puissante » aurait fait établir pour qu'elle pût assister à des bals et à des mariages de cour. Jean Darnel possède néanmoins une enveloppe adressée à Marie Duplessis portant à son coin le cachet : « Maison du Roi ». Il s'agit sans aucun doute d'une facétie sans conséquence d'un familier des Tuileries. Par respect de la parole donnée à Perrégaux, elle décide selon sa propre loi de devenir comtesse... du Plessis.

Eugène Guinot rend hommage à son tact : « Elle dissimulait son rang dans les occasions où elle pouvait le compromettre, mais dans les actes sérieux de la vie privée, elle s'intitulait comtesse du Plessis. »

Au commencement de l'année 1846, la position financière de Marie n'est guère brillante. Lassé de ses tromperies, Stackelberg a ralenti considérablement ses visites et ses largesses. Quant au comte de Perrégaux, il ne reparaîtra boulevard de la Madeleine qu'aux derniers instants de sa femme.

Peu importent ces absences. De tout son être, Marie attend l'automne qui lui permettra d'aller se jeter dans les bras de Franz Liszt. Criblée de dettes, il ne lui reste d'autre recours que le mont-de-piété. Elle s'y rend à dix-neuf reprises de mars 1846 — peu après son mariage — jusqu'en janvier 1847 — peu avant sa mort. Où sont les années brillantes de la reine de Paris ?

Le 1er avril 1846, Marie comparaît devant le tribunal de première instance pour répondre de factures impayées. M. Debury, marchand de lingerie, a en effet engagé un procès contre elle pour « divers objets de toilette » dont le montant s'élève à 7 000 francs. Il en réclame le paiement, ce qui semble bien légitime — 70 000 de nos francs actuels représentent de quoi parer somptueusement la nudité de l'inculpée. « Ce sont chemises que la dame a voulues brodées » garnies de dentelles, mouchoirs également brodés. Enfin il est question de « douze mouchoirs en cadeau à M. le comte de... ». Sans doute quelques mois plus tôt a-t-elle offert à son futur époux de quoi pleurer.

Le début du compte rendu de l'audience vaut la peine d'être relaté textuellement :

« À l'appel de son nom Mlle Duplessis s'avance à la barre. C'est une fort belle personne, mise avec une élégance irréprochable.

Le président procède à l'interrogatoire.

" Et d'abord, dit-il, est-ce Mme ou Mlle Duplessis qui comparaît devant le tribunal ? "

Mlle Duplessis hésitante et embarrassée :

“ Je crois que cela importe peu à l’affaire. ”
Le président :
“ Vous vous trompez ; cela est très important. ”
Maître Desmonts, avocat de Mlle Duplessis, indique à sa cliente que la question a pour but de savoir si elle est ou non mariée.

Mlle Duplessis rassurée répond “ qu’elle est demoiselle ”. » Avec quelle élégance Mlle Duplessis dédaigne-t-elle cette qualité de comtesse naguère si désirée. Perrégaux n’aura pas à rougir de sa mésalliance, comtesse quand cela l’arrange, Marie reste demoiselle par discrétion... Elle a promis. Elle sera condamnée à payer la sommes réclamée « et plus aux dépens ».

D’autres procès du même genre vont suivre. Les visites au mont-de-piété sont de plus en plus fréquentes. C’est souvent Clotilde qui se charge de négocier les prêts. Mlle Duplessis doit à son orfèvre ; à Marlé, le bijoutier ; à MM. Chapron et Dubois pour 1 449 francs de fournitures de lingerie. Folle Marie qui s’enroule, s’enlise dans des nuages de linon brodé, dans des rangs de batiste, des volants de dentelle à la main, de cordonnet de soie blanche, de chemisettes à festons, sans parler des caleçons que peu de femmes portent à l’époque et qui protègent le nid sacré.

La liste est longue des dettes de la terrible dépensière. Elle est redevable au grainetier qui s’occupe de son perroquet, au vétérinaire qui soigne ses chiens, Tom et Dache, au carrossier qui entretient ses deux voitures. Si elle garde cocher et femme de chambre, Étienne et Clotilde devront patienter pour leurs gages en retard. De son train de maison, elle a supprimé la cuisinière. *Voisin*, le traiteur de la rue Saint-Honoré, à deux pas de chez elle, lui monte le plat du jour.

Sur l'un des comptes de la maison, la brave Clotilde s'est permis de noter : « Madame me rendrait service si elle pouvait acquitter cette petite somme. » Il n'est pas jusqu'au concierge, M. Privé, lequel signera l'acte mortuaire à la Madeleine, dont elle ne soit débitrice pour une somme de 325 francs.

D'où vient que les messieurs désertent l'entresol de Marie Duplessis ? Soupçonnent-ils qu'elle ne pense qu'à rejoindre son virtuose ? Ont-ils peur de la maladie de la malheureuse dont les toux sèches, les crachements de sang de plus en plus fréquents ne peuvent laisser de doute sur ce qui l'attend ?

Avec le printemps, Marie espère des nouvelles de Franz. Elle rêve encore des magnificences du Bosphore, des minarets, des palais de marbre, des bosquets de jasmin... Franz ne se manifeste pas.

Les efforts, les mensonges, le voyage en Angleterre, le mariage, la noblesse enfin acquise n'auront pas le résultat escompté. Liszt, sur des jonchées de fleurs, gravit les chemins de la gloire... Bientôt le souvenir des trois mois passés dans les bras de la courtisane va s'effacer sous les bravos, les hourras, les hommages effrénés, et le nombre croissant des concerts à donner.

Qui croirait cependant que « l'attachement sombre et élégiaque » dont Liszt lui-même avoue s'être pris pour Marie Duplessis l'ait « remis en veine de poésie et de musique » ? Dans sa lettre à Marie d'Agoult, passée de maîtresse à confidente, il en fait l'aveu :

« C'est la dernière et la seule secousse que j'aie éprouvée depuis des années. Il faut renoncer à expliquer ces contradictions, et le cœur humain, tout aussi bien que le " monde, chère Agnès[1], *est une étrange chose ". »*

Marie Duplessis la petite Normande, inspiratrice du grand Franz Liszt, qui l'eût cru, qui l'eût dit ? Personne en tout cas jusqu'à ce jour ; jolie découverte, ajoutant à la couronne de perles de l'amoureuse des lauriers dont elle n'a pas eu connaissance. Cette « secousse » de Franz Liszt, « la seule depuis des années », confirme la personnalité fascinante de la courtisane au visage enfantin. Si Marie avait lu ces lignes, quelle fierté en eût-elle éprouvée. Quel adoucissement pour ce cœur brisé, dans les mois affreux qui la rapprochent de sa fin.

Elle sort encore comme jadis, elle paraît dans sa loge, seule, ou accompagnée de Pierre de Castellane, d'Olympe Aguado, souvent relayés par Édouard Delessert.

Ce sont ses trois mousquetaires, les derniers fidèles. Ils lui offrent la dose d'intérêt et d'admiration sans laquelle la vie lui a toujours paru fade, et cela jusqu'à son dernier jour. Un soir, Marie est dans sa loge de l'Ambigu quand soudain en pleine représentation, aux yeux du public, l'actrice Mademoiselle Judith s'effondre, prise de syncope... Le lendemain et les jours suivants, Judith reçoit des bouquets de toute beauté. Sa femme de chambre lui rapporte que c'est

1. Allusion à *L'École des femmes.*

une personne très belle et, d'après sa distinction, de la plus haute société qui est venue elle-même déposer les fleurs. L'actrice remet un mot à sa camériste pour le lendemain, cherchant à percer l'incognito de la mystérieuse femme. Elle reçoit cette lettre pour réponse :

« *Mademoiselle, l'admiration que votre talent m'inspire m'ayant fait éprouver une vive sollicitude pour votre santé, j'ai été très heureuse d'apprendre que vous vous portiez mieux et que je pourrai bientôt vous applaudir de nouveau.*

Mais pardonnez-moi de vous avoir caché mon nom. Je craignais que si vous l'aviez connu vous n'eussiez refusé mes fleurs. Et j'ai peur que l'apprenant aujourd'hui vous ne regrettiez de les avoir reçues.

Votre dévouée et indigne admiratrice.

Marie Duplessis. »

Ce style, cette modestie si inattendus chez une courtisane plaisent infiniment à la comédienne ; au point qu'elle l'invite pour le thé.

Là « le charme incomparable » de Marie opère. Judith parle de sa merveilleuse sveltesse, de ses yeux noirs d'une mélancolie caressante, de sa splendide chevelure : « Ah les beaux cheveux de soie noire ! » Elle trouve sa conversation attachante...

Le physique un peu lourd de Judith Bernat, cousine de Rachel, ne saurait nuire à la finesse et au teint de lait de la belle Normande.

Les deux femmes bavardent à bâtons rompus. Marie, si discrète en ce qui concerne ses sentiments pour Franz Liszt, n'est pas avare de détails au sujet de

Stackelberg, du luxe dont il l'a entourée, et de la promesse de sagesse qu'elle a eu l'imprudence d'accorder en échange des meubles signés Riesener et des parures de diamants que l'ambassadeur de Russie lui a offerts sans compter. Quelque temps elle a essayé de changer de conduite mais elle a compris bientôt que dans la société d'aujourd'hui « une femme comme elle une fois tombée ne peut en aucun cas se relever quelle que soit la sincérité de sa contrition ».

« Pourquoi me suis-je vendue ? dit-elle à la comédienne ; par un irrésistible besoin de luxe : malgré l'apparence je vous jure que je ne suis ni cupide, ni débauchée. Je voulais connaître les plaisirs du goût artistique, la joie de vivre dans une société élégante et raffinée... J'ai toujours choisi mes amis. »

Puis le front pur devient sombre... la pensée de Franz lui fait monter les larmes aux yeux : « Et j'ai aimé, sincèrement aimé, mais jamais personne n'a répondu à mon amour. C'est là l'horreur de ma vie !... Alors de désespoir je me suis rejetée dans le vice et j'y mourrai. »

Marie est saisie soudain d'une violente quinte de toux... Judith exprime sa commisération. Aussitôt la courtisane éclate de rire et raconte que sa tristesse était feinte, et qu'elle a voulu se rendre intéressante et, pour montrer qu'elle est au contraire d'une allégresse folle, se met à danser à travers le salon, en chantant.

De ces deux attitudes, laquelle est la vraie ? Bien fin qui le devinerait ; c'est le double visage de Marie Duplessis... mais on peut discerner à travers ce talent de comédienne le désir profond de ne pas s'attendrir sur soi-même, de ne pas se laisser prendre à son jeu, telle Marie Dorval qui, dans *Chatterton*, fait sangloter le public en tombant de l'escalier, se relève une fois le rideau baissé, et fait le tour du plateau, troussant ses jupes et sautant comme une petite fille.

Voilà bien, derrière les regards et les rires féminins, les fameuses « masses de ténèbres » sur lesquelles Barbey d'Aurevilly, comme beaucoup de ses semblables, ne cessera de s'interroger. Dumas fils, lui, tranchera plus radicalement quand, ayant paru d'abord s'apitoyer sur le sort des femmes légères en écrivant *La Dame aux camélias*, il s'écriera dans « Les Idées de Mme d'Aubray » :

« La femme a retourné l'autel pour en faire une alcôve. Elle a remplacé le dieu par je ne sais quelle guillotine dorée, et elle exécute l'homme au milieu des rires et des danses. »

Cette littérature inspirera à Léon Daudet une juste indignation :

« Dumas, qui se croit cinglant, tend à moraliser dans un jargon où abondent les tirades et les mots cruels. »

Peu de jours après le procès qui lui est intenté, Marie est prise d'un fort accès de fièvre. Clotilde appelle le docteur Manech. Le praticien restera une nuit et un jour à la veiller... Il s'agit cette fois d'un douloureux problème dentaire ; le médecin doit procéder au débridemement de la gencive puis à l'ouverture de l'abcès dont la malade souffre... Ce mois d'avril 1846 est décidément une période néfaste pour elle : d'abord les dettes, puis les procès, enfin les progrès de la maladie qui dévore son pauvre corps. Il ne faudra pas moins de cinquante-quatre visites des médecins pour atténuer ses souffrances.

Clotilde court chez Planche, le pharmacien, pour y prendre de la morphine en sirop, de l'huile de ricin, des vésicatoires sur sparadrap, des dragées balsamiques... Quelques jours plus tard ce sont des sangsues ; M. Privé relaie Clotilde et rapporte des cigares camphrés, de la farine de moutarde, du sirop de Karabé, de l'opium pour la toux ; ce jour-là, Marie demande aussi du champagne, se passant sans doute de l'avis de la faculté.

Quand elle tient debout, elle va, chancelante, s'agenouiller sur le prie-Dieu, recouvert de moquette et clouté d'or, qu'elle vient d'acquérir. Elle prie sa sainte patronne... Est-ce effet de la prière ou désir forcené de vivre, un mieux sensible se fait sentir. Elle prend une convalescence de trois semaines et se rend à Nonant. Elle descend chez les Mesnil à la Trouillère. Depuis qu'elle a décidé de retrouver Franz, elle ne se soucie guère de se livrer aux caresses de Théodoric de Narbonne-Pelet. Ils se voient cependant. En sa compagnie, elle marche à pas lents devant le château de Gacé, dans la double allée de tilleuls plantés en 1804, sur la terrasse. On peut, encore aujourd'hui, jouir de leur ombrage épais...

Étant petite, dans ses haillons, elle levait la tête pour voir passer les bourgeois qui seuls avaient le droit d'y déambuler, se saluant entre personnes « du même monde ». La comtesse du Plessis sous son ombrelle distribue des sourires à ceux qui se découvrent parce qu'elle est au bras du châtelain de la Roche... Elle ne ressent ni haine, ni sentiment de revanche. Ses parents ne sont plus de ce monde, mais sa terre lui est toujours chère.

Elle distribue argent et cadeaux à sa famille, au grand dam de Romain Vienne :

« Elle donne tout ce qu'elle a, ce qui la contraint d'être exigeante avec ses amants... et l'empêchera toujours de les conserver. »

Elle voudrait inviter sa sœur Delphine à venir la visiter :

« *Si tu avais vu une fois la jolie ville de Paris tu ne voudrais plus la quitter et tu t'y accoutumerais.* »

Mais Delphine vient d'épouser un bon paysan, Constant Paquet. Elle se soucie peu de se trouver dans une cité si pleine de bruit et de mauvaises tentations. L'épouse Paquet n'a pas le caractère heureux de Marie. Vienne et Du Hays la décrivent plutôt revêche et dénuée d'attraits... Dans peu de temps elle héritera de cette sœur légère de quoi s'offrir une jolie ferme au Bisseuil. Soutenue par Romain Vienne, au moment de la succession, elle attaquera le docteur Koreff pour demande abusive d'honoraires. Jouissant d'une grande notoriété, ce juif à la mode s'était introduit dans la société en devenant l'amant de Delphine de Custine. D'une intelligence supérieure, la vieillesse semblait l'épargner au point qu'on le prenait pour Cagliostro. Il posait à l'hypnotiseur, plus particulièrement auprès des femmes. Familier du salon de Marie Duplessis, il lui « donnait » des soins pour lesquels il ne prenait pas d'honoraires, en tout cas elle l'avait entendu ainsi. Il adorait les potins, amusait Marie, thérapie adroite, chacun sachant depuis Molière que, « lorsque le médecin fait rire le malade, c'est le meilleur signe du monde ». Une demi-heure de magnétisme et quelques fioles composaient le traitement.

Un jour pourtant, Marie conçoit de sérieuses craintes à son sujet :

« *Il me sature d'une drogue à laquelle il donne un nom diabolique, probablement pour que j'ignore ce que c'est. Je suis continuellement agitée ; j'ai des battements de cœur, des maux de tête et ma toux augmente au lieu de diminuer.* »

Ce nom diabolique qui inquiète Marie est une solution à base de strychnine.

Koreff espace ses visites et bientôt n'est plus reçu dans l'entresol de la malade... Après sa mort, il entreprendra de se faire rembourser par les héritiers la somme de 1 400 francs pour 280 visites, d'où les attaques des époux Paquet destinées à repousser les prétentions du « médecin hoffmannesque ». Franz Liszt, afin de l'innocenter, lui écrira une lettre, sorte de réhabilitation dont il ne fut jamais question dans les gazettes, Koreff ayant renoncé à en faire état. Le débat a dû être long. Liszt est à Weimar un an après le décès de Marie quand il trace ces lignes :

« Comment se fait-il, mon cher Koreff, que mon nom soit mêlé aux tristes débats dont vous m'informez ? Et de plus, qu'on l'ait rappelé pour s'en servir comme d'un argument contre vous ? Je ne le comprends d'aucune façon et ne me le pardonnerais jamais s'il y avait du moins du monde de ma faute. Assurément la très gracieuse personne dont la succession problématique est l'occasion de ce conteste, n'aurait pas imaginé qu'elle vous attirerait un jour des désagréments de cette nature, alors qu'elle vous invitait avec une si coquette insistance, en votre qualité d'ancien ami, à ses charmants soupers dont elle vous chargeait en quelque façon à m'en faire les honneurs, à moi qui n'avais à ce moment que l'avantage d'être une plus jeune connaissance pour elle ! Je voudrais savoir écrire maintenant les paroles d'affectueuse reconnaissance, de tendre gratitude que je me souviens parfaitement avoir entendu Mlle Duplessis vous répéter, chaque fois qu'elle venait à rappeler les circonstances de sa grave maladie du printemps 1845. [...] *Je n'ai nullement le mérite de vous avoir fait connaître Mlle M.D. Tout au rebours, c'est bien vous, mon cher Koreff, qui m'avez appris à la connaître davantage, à la mieux juger en me racontant devant elle de fort touchants détails sur sa convalescence après sa première fluxion de poitrine à laquelle elle a failli succomber et pendant laquelle vous l'avez traitée en médecin (plusieurs mois avant que je n'aie eu le plaisir de la connaître) avec un soin et un dévouement égaux au succès, et dont elle vous est restée bien sincèrement reconnaissante.*

Veuillez bien agréer, mon cher Koreff, l'expression renouvelée de mon ancienne affection et mon loyal dévouement.

Weimar, 12 février 1848.

F. Liszt. »

L'agonie d'une fleur

« Où sont nos amoureuses ?
Elles sont au tombeau... »
Gérard de Nerval

Si les visites des médecins sont devenues dès le mois d'octobre 1846 plus fréquentes que celles des anciens « messieurs », Marie Duplessis n'est pas exactement dans l'abandon total dépeint par Dumas et repris par Romain Vienne presque mot pour mot, ce dernier ayant le front d'affirmer qu'Alexandre n'a jamais rencontré Marie et « qu'elle ne lui a jamais accordé un baiser ».

Les chroniqueurs de l'époque, eux aussi, ont puisé dans le roman beaucoup d'inexactitudes sur la misère de la courtisane.

Il est faux que des huissiers aient envahi l'appartement, emportant « jusqu'au rideau de son lit ». Théophile Gautier a heureusement détruit la légende propagée à ce sujet : « Les créanciers de Marie Duplessis n'ont pas troublé ses heures dernières par une saisie. » Le catalogue de sa vente en est la meilleure preuve ; ce qui ne signifie pas qu'elle ait évité certains abandons et engagements souscrits, vidant plusieurs de ses écrins pour une somme de 18 653 francs. La rivière d'émeraudes a été mise à l'abri par Clotilde, mais sa maîtresse fait encore le sacrifice de plusieurs bijoux, obtenant un nouveau prêt de 2 223 francs accordé par le mont-de-piété. On sait du reste qu'elle ferme sa porte à Perrégaux... Nous verrons pourquoi.

Entre octobre 1846 et janvier 1847, Marie vit recluse le plus souvent. Pourtant elle se montrera plusieurs fois en public, afin de satisfaire *in extremis* cette soif de paraître, qu'au bord de la tombe elle veut goûter encore. Le tout jeune Pierre de Castellane, toujours attaché à elle, lui offrira son bras.

À la mi-octobre, il commande à Charles Chaplin, pour 250 francs un portrait de Marie, un dessin à la mine de plomb rehaussé de couleurs. C'est une ébauche sombre sans souci de flatterie dont le bistre accentué des paupières donne « l'impression saisissante d'un regard sur lequel s'est abaissée l'ombre de la mort ».

On s'est lourdement trompé en regardant Stackelberg et Perrégaux comme les soutiens extrêmes de Marie Duplessis. Ni celui qui a présidé au luxe de son appartement, ni celui qui l'a faite comtesse ne sont auprès d'elle. Ce n'est qu'aux derniers souffles de l'inconstante qu'ils oublieront leurs griefs pour s'incliner devant la mort proche.

Comment ne pas éprouver une vraie reconnaissance envers Édouard Delessert et Olympe Aguado dont la drôlerie et la jeunesse ensoleillent l'entresol envahi d'ombre de la condamnée ? Leur bonne humeur met un peu de rose à ses joues et d'éclat dans ses yeux et fait plus que tous les remèdes imposés par la Faculté. Marie Duplessis a toujours aimé rire. Ces chérubins dont aucun des deux n'a vingt ans l'ont compris. Par leurs plaisanteries, leur esprit, les potins parisiens qu'ils rapportent, ils dispensent à la malade le plus sûr des sédatifs. Par leur malice, leur espièglerie, ils se montrent, tels des pages de cour, « hardis jusqu'à l'impudence » afin de mieux divertir la « Dame » de leurs pensées.

Si Olympe Aguado peut physiquement correspondre à l'idée qu'on se fait d'un page, il n'en va pas de même pour Delessert ; trapu, large d'épaules, un peu gras, un trait dans l'œil, il est invariablement vêtu d'un paletot sac, coiffé d'un chapeau à bord plat et marche comme un marin. Mais son intelligence fait vite oublier son allure. Il a l'esprit le plus vif, le plus spontané ; Ambroise Colin vante son cœur chevaleresque et sa culture : « Ayant toujours vécu dans le plus grand monde, il a tout lu, tout vu, tout su. »

Son mode de vie désordonné est dû sans doute à la faiblesse d'une mère qui lui passe tout... « Il est difficile d'entrer avec plus de chance et de moyens dans la vie, et de gâcher mieux son existence », dira l'un de ses familiers. Par précaution, son père, le préfet Delessert, l'a fait admettre dans la Société des Chemins de Fer du Nord.

Chaque jour il passe boulevard de la Madeleine afin de distraire Marie et de converser avec elle. Notre héroïne ne retiendrait guère un garçon de dix-neuf ans si elle ne possédait d'autres attraits qu'une beauté déjà altérée par la maladie. À l'âge d'Édouard n'a-t-on pas d'autres salons à fréquenter ? D'autres mains à tenir que celles d'une mourante dont l'alcôve lui est fermée ?

Il en va de même pour Olympe. Du même âge que son ami Delessert, il vogue lui aussi dans le milieu de la haute finance. Son père, le marquis Aguado de Las Marismas del Guadalquivir, doit son titre ronflant à la reconnaissance de Ferdinand VII roi d'Espagne « pour avoir mis son génie financier au service de la couronne ». Spéculateur habile et fructueux, il négocia pour les rois de Grèce et d'Espagne et, devenu banquier, accrut considérablement sa fortune. Son amitié et ses démêlés avec le docteur Véron sont de notoriété publique.

Comme les maisons, les rues de Paris ont des prédestinations : Aguado posséda en 1842 l'hôtel Perrégaux rue de Paradis-Poissonnière vendu par la tante de Ned, la duchesse de Raguse. C'est cette année-là qu'il mourut, laissant une fortune de plus de 30 millions de francs à ses héritiers.

Son fils Olympe devient très riche mais, mineur, ne peut encore jouir de sa fortune. D'un caractère très doux et de physionomie agréable, le jeune homme a fait ses humanités au lycée Henri-IV, puis il a entrepris des études de dessin qui le mèneront plus tard à d'importants travaux photographiques.

Castellane, Delessert, Aguado, sympathique triumvirat d'enfants gâtés... Toujours présents pour donner force et courage à leur idole. Peut-être même, plus généreux que les anciens « messieurs », lui offrent-ils de quoi conserver Clotilde et Étienne auprès d'elle et de quoi renouveler sa garde-robe ?

Car une manifestation d'importance se prépare, qui ne saurait se passer de la présence de la pécheresse. Marie, bien qu'avertie dès longtemps du sort qui la menace, ne peut résister à l'appel du plaisir. Que lui reste-t-il d'autre ? Sa vie ? Pour un ou deux mois de rémission, pourquoi se priverait-elle des quelques heures de joie que cette planète peut encore lui laisser ?

L'inauguration des Chemins de Fer du Nord est inoubliable, il suffit de lire les journaux du temps pour sentir les effets grandioses du faste que la Belgique et la France réunies ont apporté à la cérémonie. Avant l'étape de Lille, un trajet de dix heures permet aux voyageurs de jouir comme d'une fête de ce vaste encombrement de moissons, de manufactures, de cités et de charrues qui traversent la Seine-et-Oise, l'Oise, la Somme, le Pas-de-Calais et enfin le département du Nord. Les journalistes décrivent comme « féerique » la salle du banquet, « palais de bois et de toile grand comme le Louvre », honoré de l'auguste présence de Leurs Altesses Royales les ducs de Nemours et de Montpensier. Dix-sept cents convives y sont servis avec la munificence habituelle à l'hôtel Rothschild. « Ah ! s'écrie un journaliste, M. Chandon, le successeur de M. Moët, père de la joie, de l'esprit, et de la chanson serait bien heureux si l'on savait qu'il était l'échanson de la fête !... » « C'est un grand chapitre de l'histoire universelle ! » s'écrie Janin.

L'entrée à Bruxelles met les passagers au comble de l'enthousiasme, quand le convoi royal ralentissant laisse venir à ses côtés le convoi des voyageurs de marque et que toutes les machines roulent de front sur la double ligne des rails. L'union des industries de France et de Belgique doit beaucoup au peuple des travailleurs qui a œuvré pour les chemins de fer.

La veille à Lille, on a fort acclamé la cantate de MM. Janin et Berlioz. Le musicien conduisait en personne... M. le baron James de Rothschild a dit quelques mots qui ont été vivement applaudis ; car désormais « toutes les sympathies sont acquises à cet illustre banquier qui par ses actions et son soutien a ajouté à la gloire et à la prospérité de la France ».

À Bruxelles, les voyageurs royaux sont accueillis sur l'estrade où les attend le roi Léopold. Un banquet de trois cents couverts est offert par la ville aux importants personnages. Le reste du convoi se répand dans les rues, cherchant fortune chez les aubergistes, hôteliers et restaurateurs.

Théophile Gautier envoie son « papier » au journal *La Presse* et conclut ainsi : « Un bal, où huit mille personnes sont invitées et souperont, va avoir lieu dans la gigantesque salle du débarcadère ornée avec beaucoup de luxe. Il est onze heures, nous envoyons cette lettre au point où elle en est ; le convoi d'une heure du matin l'emportera et demain nous vous donnerons des nouvelles de cette fête colossale. Jetons la plume et mettons nos gants blancs. »

La salle du débarcadère, de dimensions comparables à celles de la place Vendôme, est décorée de stuc blanc, ornée d'arabesques cinabre, outremer et or. Les lustres de cristal reflètent à l'infini la lumière des bougies. Des lampes Carcel sont cachées dans des buissons d'orchidées en fleur. Des girandoles, des bronzes, des statues ont été mis à la disposition de la municipalité par les citoyens. Entre autres, le duc d'Arenberg a prêté huit candélabres dorés à pieds d'opale. La profusion des tulipes de Hollande est si étonnante qu'on en oublie la danse...

Les femmes sont parées, multicolores, dans des robes peut-être un peu trop chargées et des coiffures tout en rubans, en perles, en fleurs...

Quand Marie Duplessis fait son entrée, plus pâle et plus blanche que jamais dans sa robe de satin ornée de camélias, sa beauté de « desesperanza » demeure rayonnante. « Retranchée en son habituel dédain », elle foule sans surprise les tapis qu'avait foulés la reine.

Parmi les notables et les princes des deux pays, la Dame aux camélias n'a pas de peine à distinguer les littérateurs et les artistes présents. Elle salue au passage Émile de Girardin, Théophile Gautier, Mérimée, Félicien David, Halévy, Ingres, Gabriel Delessert, bavardant au milieu de ce « mouvement des peuples, des rois, des artistes, des forgerons et des grandes coquettes de l'Europe ! Hélas, s'écrie avec mépris le feuilletoniste du *Charivari*, tout le monde ici valse à trois temps ! ».

C'est Janin le premier qui a vu apparaître « cette charmante personne déjà frappée du mal invisible qui devait la traîner au tombeau ». Elle donne le bras à un étranger, blond et raide, dont il est aisé de voir qu'il croit faire « une de ces hardiesses sans nom que les hommes se reprochent jusqu'à leur dernier jour ». Pourquoi ? Parce qu'elle n'est ni bourgeoise ni aristocrate ? Il doit ignorer qu'elle est comtesse, et n'est certainement pas entrée au bal seulement à la faveur de son « éblouissante beauté ». Elle a ici suffisamment de relations pour y avoir été invitée.

Marie est exaspérée par l'attitude déplaisante de ce teuton au visage rougeaud lorsque, au détour d'un bouquet de verdure, elle découvre « un ami à elle, un ami vrai, sans prétention, un artiste ». Et si c'était Olympe Aguado ? À moins que, venu avec le préfet de Police son père, Édouard Delessert ne se soit approché du bal.

Marie Duplessis, point de mire de cette salle étrangère, est trop heureuse de quitter son cavalier pour une relation dont la familiarité la rassure : « Ah vous voilà, dit-clle. Donnez moi le bras et dansons ! » En danseuse experte, elle valse à deux temps, ces valses de Strauss qui sont la séduction même, dans une cadence bien observée avec une lascivité délicieusement calculée ; les yeux rivés aux yeux de son danseur elle tournoie ; ses beaux cheveux en cascade suivent le mouvement de la danse. Peu à peu on fait cercle autour du couple dont la grâce confère à la musique viennoise un charme inexplicable... C'est à qui frôlera cette robe légère, ces cheveux mouvants enroulés de perles.

Le jeune homme rougeaud, vexé d'avoir laissé échapper sa cavalière, tente de la retrouver au milieu du bal... trop tard : l'artiste et la danseuse ont disparu en tourbillonnant.

Marie Duplessis n'était pas venue en train depuis Paris. Un tel déplacement en wagon, le côtoiement de tous ces corps énervés, transpirant dans la chaleur de juin, ne semblaient pas recommandés pour sa complexion délicate.

Elle était allée d'abord à Spa au début du mois pour soigner ses bronches. Dans la ville d'eaux, ce fut « un étonnement général quand on apprit que cette belle jeune femme portait en elle la terrible maladie. Les médecins avouèrent qu'ils avaient rarement rencontré plus de résignation unie à plus de courage ».

À la date du 12, quelques jours avant de gagner Bruxelles en calèche, elle adresse une lettre à son marchand de chevaux, Tony, s'excusant de sa paresse à écrire ; le post-scriptum révèle une reconnaissance anticipée non dépourvue d'ambiguïté :

« *Mille remerciements pour votre complaisance pour moi. Cher, ne vendez pas ma voiture. J'aurai bientôt le plaisir de vous voir, j'espère du moins.*

M.D. »

La nécessité de vendre son coupé n'a été qu'une alerte, le jeu de trente-et-quarante a dû lui permettre de garder l'équipage, « l'amitié » de Tony a fait le reste.

Au moment de la vente après décès, le maquignon sentimental rachètera une selle et une bride pour 58 francs, ainsi qu'un cheval bai hors d'âge 1 800 francs. Détail touchant : il obtiendra le couvre-pied damassé de soie rouge de la morte, deux dessins de Vidal, un autre de Robert, quelques lithographies et même le verre à eau dans lequel les lèvres décolorées puisaient un peu de fraîcheur. Tony s'attachera donc au souvenir de la cliente plus qu'à une négociation d'intérêt, ce qui le rend plutôt sympathique. C'est lui également qui obtiendra le prie-Dieu de la défunte courtisane, lors de la vente de son mobilier.

À Spa, Marie est loin de prendre le repos ordonné par les médecins... Lorsque la redoute s'illumine de toutes ses clartés et renvoie l'écho des sons de l'orchestre, la Parisienne s'élance sur la piste de la salle de bal... Le lendemain, si la journée est ensoleillée, elle franchit à cheval les passages les plus difficiles de l'allée des Sept-Heures où, il y a trois ans à peine, elle se promenait rêveuse auprès du comte de Stackelberg. Quand elle ne monte pas à cheval et se lasse du bal, c'est le jeu qui l'accueille, qui l'absorbe ; elle s'y livre avec la même fureur qu'elle met désormais dans chacune de ses actions. Croit-elle, folle enfant, que de cette façon elle triomphera de son mal et qu'elle pourra comme prévu retrouver en octobre Franz Liszt dans la lumière rose du Moyen-Orient ?

Tandis qu'elle rêve de lui Franz, arrivé par le paquebot *Galatz* à Constantinople le 8 juin, est reçu avec faste par le sultan Abdul Medjid Khan. En témoignage d'admiration, il offre au virtuose une riche tabatière sertie de diamants. On dit que des femmes se sont battues pour une pelure d'orange que le grand musicien avait jetée dans la rue et dont chacune d'elles voulait garder un morceau...

Cependant à Spa, Marie s'affaiblit ; les veillées excessives, la frénésie du jeu et des bals auxquels elle s'est adonnée ont eu raison de sa vitalité. Elle continue de rechercher à Bade, puis à Wiesbaden, enfin à Ems, le miracle de son salut. Les stations marquées jadis de ses triomphes ne sont plus que des haltes d'angoisse. Clotilde, la servante fidèle, a remplacé les dandys, les comtes, les ducs dont chacun de ses pas était honoré. La plupart du temps c'est dans sa chambre d'hôtel qu'elle passe ses soirées...

On peut lire sur les factures de l'établissement les « journées de lait » ou « les journées d'infusions » dont les médecins de l'endroit l'ont abreuvée... Marie Duplessis ne se grise plus de champagne, elle mange à peine. Dans sa solitude, éperdue, elle sent, avec le désespoir, le remords s'emparer d'elle ; elle ressent la honte de s'être servie du nom de Perrégaux et le supplie par une lettre où perce le désespoir :

« *Pardonnez-moi, mon cher Édouard, je vous en prie à deux genoux. Si vous m'aimez assez pour cela, rien que deux mots : mon pardon et votre amitié. Écrivez-moi poste restante à Ems, duché de Nassau. Je suis seule ici et très malade.*

Donc, cher Édouard, vite mon pardon. Adieu.

Marie Duplessis. »

Ned apparemment ne peut, ne veut pardonner... Il n'est pas en mesure non plus d'offrir l'amitié qui lui est mendiée. Il a trop aimé, trop souffert d'amour. Il ne répond pas à la lettre de Nassau et finit par signer enfin le 1er septembre son engagement dans la Légion étrangère. La frêle silhouette de Marie Duplessis hante encore une ou deux semaines les salles de jeu où elle ramasse des piles d'or qu'elle perd, ne gagnant plus de temps en temps que de quoi régler l'hôtel... Puis elle rentre à Paris. Elle y trouve enfin, datée du 19 août, la copie attendue de son acte de mariage avec

Perrégaux, l'acte d'honorabilité dont elle avait besoin pour aller à Constantinople ! Elle ira là-bas, il l'attend ; elle sent renaître en son cœur une immense espérance. La fièvre et l'amour peuplent ses nuits de rêves fous... À l'aube, la poitrine douloureuse, étouffée par la toux, elle ne croit plus à grand-chose. Elle ne se lève pas... Elle se sent si faible, chaude, et tout à coup glacée. Les médecins reviennent à la maison. Le docteur Manech lui rend visite trente-neuf fois, de la mi-septembre à la mi-novembre. Il laisse place au docteur Chomel, médecin ordinaire de Sa Majesté, mandé en consultation spéciale par le docteur Davaine qui est devenu, lui, le consultant habituel de Marie. Il soigne la malade avec un grand dévouement. Peu avant sa mort, elle lui témoignera sa reconnaissance en lui offrant cette jolie miniature aujourd'hui en possession de la Comédie-Française, la représentant avec ses longues anglaises et son petit sourire triste.

On peut juger au nombre de déplacements du médecin combien la malade a besoin de ses secours. Il vient trente-sept fois au mois d'octobre, quarante-quatre en novembre, trente-cinq en décembre, trente-neuf en janvier et, détail poignant, huit fois en février alors qu'elle est morte le troisième jour du mois.

Les médecins se sont concertés quant au traitement à suivre et sont d'avis que « Mlle Duplessis fasse chaque soir dans le creux des aisselles une friction, avec gros comme une aveline d'une pommade d'iodure de potassium au 1/10e. Elle prendra le soir, pour aider au sommeil, un mélange à parties égales de lait d'amandes douces et d'amandes amères auquel on ajoutera 2 à 5 grammes d'extraits thébaïques ».

Les prescriptions qui portent six articles paraissent de nos jours bien dérisoires. Soigner la phtisie galopante à l'aide d'extrait mou de quinquina enveloppé dans du pain à chanter, puis pour modérer les sueurs, revenir au lait d'ânesse édulcoré de sirop de capillaire nous semble aussi peu efficace que le lavement d'amidon additionné d'un peu de vinaigre ou les 30 grammes de sulfate de quinine qu'on y ajoute pour faire tomber la fièvre. On doit continuer le sirop de Karabé... et le lichen d'Islande qu'on utilise au moins depuis quarante ans, ce qui laisse imaginer les minces progrès de la science d'Esculape au XIXe siècle. En désespoir de cause, comme il faut à ses poumons l'âcre et sain parfum de l'étable, on meuble pour la mourante, près de la barrière de Fontainebleau, un boudoir dont le plancher criblé de trous donne sur une litière où couchent les vaches... « En bas l'étable, en haut les tapisseries, les rideaux de soie, les chinoiseries et les bronzes. »

Janin qui a brodé çà et là sur le caractère et la personnalité de Mlle Duplessis parle de « l'ennui qui a été le grand mal de sa vie ». Dans une envolée plus poétique, Johannès Gros s'écriera : « Cette forme de l'ennui qui naît des passions insatisfaites et des autres aspirations déçues, quelle touche originale au portrait d'une courtisane de l'an de grâce 1845 ! »

Parfois Marie se lève, et dans sa robe d'intérieur devenue trop vaste, elle va au salon et feuillette les partitions éparses sur le piano : *Robert le diable*, *Les Huguenots*, et cette *Invitation à la valse* qu'elle possède mieux depuis que Liszt l'a guidée et l'a si magnifiquement jouée pour elle.

Édouard Delessert se fait annoncer et la trouve prostrée devant l'instrument, ses mains maigres posées sur les touches. Il soulève ce corps léger comme celui d'une petite fille et l'emmène jusqu'à son boudoir où, depuis son canapé tiré vers la croisée, elle aime à regarder le flot des calèches, des demi-fortunes, des coupés qui roulent sur le boulevard. Elle reconnaît des visages, amis insouciants et gais qui passent sans lever les yeux vers la fenêtre de la marchande de sourires dont les forces s'épuisent. Marie respire mal. Les quintes de toux se terminent presque toujours par des crachements de sang ; elle appuie son mouchoir sur sa bouche pour éviter ce spectacle à son compagnon. Le chien Tom la regarde et repose sa tête sur ses pattes.

Pour la troisième fois de la journée, le docteur Davaine vient la voir et la prie de se recoucher sur le matelas de crin qu'il a préconisé comme étant plus sain que la laine.

Elle est lasse de s'entendre dire qu'elle ne doit boire que de l'eau de Bussang et des infusions de coquelicot, misérable thérapie de l'époque...

Davaine insiste pour qu'elle se nourrisse. Son régime alimentaire ne lui permet que « du bouillon de riz au maigre, des volailles, du poisson sur le gril, du pain très levé et rassis », mais elle a droit au chocolat au lait pour le déjeuner du matin.

Peut-elle sortir ? Oui, « toutes les fois que la douceur de la température le permettra, entre midi et trois heures. On s'abstiendra de toute sortie du matin et du soir jusqu'à nouvel avis... On parlera peu et jamais à voix très haute ». Ainsi en ont décidé le 9 novembre 1846 les docteurs Davaine et Chomel.

Finis les dîners, les spectacles et les promenades au bois. Elle fait atteler encore pour se rendre aux courses.

« La dernière fois que je la vis, dit M. Du Hays, quelques mois avant sa mort, ce fut le jour des courses à la Croix-de-Berny. J'étais allé voir le défilé des voitures sur l'esplanade des Invalides. Je la vois encore, pâle et navrée, vêtue de blanc, dans son landau vert fané, emportée au grand trot de quatre magnifiques chevaux blancs... »

Tout a un air de printemps et de fête. Marie puise joie et consolation dans cette sortie qui lui fait revivre les jours d'autrefois. Rentrée à quatre heures de l'après-midi, elle dîne avec appétit... Si elle allait guérir !

Cette espérance de santé n'a été qu'un rêve ; le surlendemain elle est à nouveau couchée, le corps couvert d'emplâtres qui la brûlent ; ce corps qu'on payait si cher autrefois est aujourd'hui enveloppé dans des camisoles de flanelle qu'on change quand la fièvre les a détrempées.

Désormais, du lit au piano, du piano à la fenêtre, de la fenêtre au lit, Marie traîne sa mourante vie, essayant d'échapper autant que faire se peut aux créanciers qui ne la laissent pas en paix. Son charme agit pourtant sur le jeune avocat Henry Lumière, représentant les intérêts du serrurier qui a exécuté les travaux boulevard de la Madeleine. Ayant reçu le mémoire, Marie a répondu d'une « écriture anglaise » à peine tremblée :

« *Vous devez savoir Monsieur que les malades ont de tristes privilèges ; très souffrante en ce moment, permettez-moi de les invoquer en vous priant de bien vouloir vous déranger et venir chez moi parler de l'affaire en question.* »

Cinquante ans après, Henry Lumière rêvera encore de l'impression que lui a laissée cette visite alors qu'il n'était qu'un jeune homme. La préciosité et le luxe du salon où Clotilde le prie d'attendre le font s'interroger sur la « profession » de la personne qui va le recevoir. Ne serait-elle pas l'une de ces créatures envoûtantes et habiles qu'on appelle « lorettes » ? Elle entre dans le négligé « d'un peignoir de cachemire blanc doublé et rehaussé de soie bleue ». Elle se fait si délicieusement suppliante, jouant de sa culpabilité avec une telle grâce, que l'avocat reste sans argument ; et quand une larme perle entre les épais cils noirs, Henry Lumière est pris tout à fait, ne pouvant résister à la pression « de la petite main presque diaphane et brûlante de fièvre » qu'elle lui tend. Il accorde un délai, et part de chez la sirène emportant à jamais le souvenir de sa séduction.

L'amour de la vie, la jeunesse de la malade s'unissent pour lutter contre la mort qui la réclame. Au point qu'elle accepte l'invitation de Pierre de Castellane à se rendre au théâtre du Palais-Royal. Le jeune homme a décidé d'offrir cette soirée à Marie en l'honneur de son anniversaire, le 15 janvier. Elle a vingt-trois ans. Il sait que rien ne pourra lui plaire davantage que de voir, depuis sa loge, s'agiter au-dessous d'elle ce monde brillant qu'elle a voulu conquérir.

Clotilde proteste du mieux qu'elle peut, invoquant le danger encouru, la colère du docteur Davaine, le froid de janvier... Peine perdue... Marie réclame ses crèmes, ses poudres, sa plus belle robe... Son exaltation fait monter à ses joues deux taches rouges qui, pour un œil peu exercé, apparaîtraient comme l'indice d'une bonne santé.

D'abord navrée, Clotilde est vaincue par ce regain de joie enfantine ; elle démêle longtemps les cheveux noirs et lisse les bandeaux qu'elle pique au chignon de deux camélias blancs, laissant les longues anglaises retomber jusqu'au décolleté, orné lui aussi de deux camélias. Autour du cou frêle, aux oreilles, aux doigts, Marie met tout ce qui reste de diamants dans la maison, le diadème d'or et de perles lui fait une auréole.

Une pelisse de velours blanc doublée d'hermine protège les épaules imprudemment dénudées. Étienne a attelé pour la dernière fois le coupé aux armes de comtesse. S'appuyant sur Castellane, elle s'y installe, pose ses pieds sur la bouillotte chaude préparée par Clotilde, et enfouit ses mains dans son manchon.

Ils vont assister à une revue de Dumanoir et Clairville, *La Poudre de coton*. C'était, à l'Ambigu, le soir de la rencontre avec Liszt, une pièce de ce même Dumanoir qu'elle avait applaudie distraitement.

Marie, malgré l'art qu'elle a de se farder, n'a pu dissimuler tout à fait le bleu qui creuse son regard et la pâleur de son visage. Son chevalier servant a pensé aux raisins glacés, au bouquet de camélias... Marie paraît à l'avant-scène, souriant dans un suprême effort et tentant d'être ce qu'elle a été... Hélas, ce n'est plus une femme « mais l'ombre d'une femme, quelque chose de diaphane et de blanc, chair et vêtements ». On eût dit, voyant ce « beau spectre aux yeux enflammés, que Marie Duplessis était sortie de la tombe pour venir reprocher à toute cette brillante société de jeunes fous et à toutes les Ninons du jour leur abandon et leur ingrat oubli ».

C'est peu connaître Marie. Le reproche n'a jamais habité son cœur et pour l'ingratitude des hommes, elle n'en est pas à la découvrir. Quant à l'abandon, elle vient d'apprendre à ses dépens que c'est le lot des femmes qui ont beaucoup donné d'elles-mêmes ; ne pouvant plus offrir leur insouciance et leur beauté il ne leur reste que la ruine ou la vieillesse, « cette première mort des courtisanes ». Au moins échappera-t-elle au ridicule des cheveux mal teints et des bouffissures de ces horizontales transformées à la fin de leur vie en dames patronnesses pachydermiques.

Ce qui a poussé la comtesse Duplessis à sortir ce soir, c'est l'obscure certitude de ceux qui, se sachant perdus, tentent de jouir encore de ce qu'ils ont aimé. Il y a quelque chose de sublime dans ce désir forcené de surmonter l'insurmontable pour venir, telle une enfant, contempler ses jouets favoris... Las, le jeu est terminé... Voyant dans cette salle où elle a été si souvent fêtée se détourner les têtes de l'image désincarnée qu'elle leur présente, Marie mesure la dérision d'une vie de plaisir dont elle paie aujourd'hui l'horrible facture...

Après la représentation, Marie, épuisée, ne se rend ni à la *Maison Dorée* ni au *Café Anglais ;* elle gagne son équipage en compagnie de son cavalier qui l'aide à franchir le seuil du boulevard de la Madeleine. La prochaine fois qu'elle passera le porche en sens inverse, elle sera enfermée dans une étroite robe de bois. Appuyée aux bras de Castellane et d'Étienne son factotum, elle parvient à gravir l'étage qui mène à son appartement, on l'assied au salon, le cocher se retire. Pierre de Castellane doit partir le lendemain, rappelé en Algérie par son corps d'armée. Il sait qu'il ne reverra pas la beauté qui l'attendrit encore et dont il vient de soutenir en public l'ultime apparition. Il prend congé non sans émotion. Tandis que Clotilde vient la préparer pour la nuit, Marie aperçoit sur la commode du salon un coffret en bois de rose, et découvre en l'ouvrant plusieurs rangées de chocolats dont chaque papillote est un billet de banque. Théodoric de Narbonne-Pelet n'a pas oublié son anniversaire ; grâce à cette goutte d'eau dans la mer, la maisonnée va momentanément reprendre vie ; on pourra payer quelques fournisseurs.

Marie a condamné sa porte à Perrégaux. Ayant imploré son pardon « à deux genoux » et attendu en vain une réponse, elle se sent en droit de ne pas recevoir Ned. D'aucuns, n'en sachant rien, interprètent ce geste comme « un caprice de mourante ». Quelques jours après, le comte de Stackelberg qu'on n'attendait plus vient sonner à la porte. Il reste trois heures durant au chevet de la mourante, ne disant pas vingt mots.

« Il me semble que la vue de ce vieillard oublié par la mort me fait mourir plus vite », dit Marie à l'un de ses fidèles. Dieu merci, il lui en reste encore quelques-uns. Elle n'est pas abandonnée de tous ainsi que le prétend Janin ; Gautier, lui, pèche par excès d'optimisme en affirmant qu'elle n'a jamais eu autant d'amis : Romain Vienne, averti trop tard, arrivera après sa mort, Liszt est à présent en Russie, Dumas en Espagne, Castellane en Algérie. Mais Delessert vient prendre à chaque instant de ses nouvelles, Aguado passe tous les jours et sort en sanglotant. Le docteur Davaine vient la réconforter quotidiennement, deux fois au moins. Et puis Clotilde est présente. Elle sera pourtant accusée par Romain Vienne d'avoir détourné bijoux et objets alors que c'est Marie qui la supplie d'aller mettre en sûreté dans un local de la rue des Dames ce qui peut être sauvé des mains crochues des créanciers ; « car si je guéris, dit l'infatigable pécheresse, il me faudra de quoi vivre... de quoi recommencer ! ».

Un après-midi, alors qu'il est auprès d'elle, Olympe est frappé par le regard de la moribonde : « Dans ses grands yeux étonnés, on ne sait s'il faut lire le regret d'être de ce monde ou le désespoir de le quitter. » Ce même jour, les huissiers implacables reviennent pour la seconde fois opérer une saisie. Olympe éperdu les supplie de surseoir jusqu'au lendemain à leur sinistre besogne. Il court chez sa mère, et lui demande, en avance sur son héritage qu'en raison de sa minorité il ne peut toucher, la somme nécessaire pour éloigner les oiseaux noirs. Devant l'émotion de son fils, la marquise de Las Marismas n'hésite pas. Olympe repart chez la courtisane avec de quoi couvrir en totalité la dette exigée. Marie, dans sa chambre, n'assiste pas à la scène : le jeune homme a eu à cœur de lui éviter le spectacle de sa déchéance ; il est payé par un sourire. L'appartement retrouve son calme.

Dans le cours du mois de janvier, Marie Duplessis a écrit onze lettres. Où sont-elles ? Apparemment, ceux qui les ont reçues ne les ont pas gardées. Nous savons que Romain Vienne, se prétendant l'exécuteur testamentaire de la défunte, brûlera, en s'en vantant, une partie des lettres qu'il juge « compromettantes ».

Delphine Paquet arrivera trop tard, n'ayant été présente ni au moment de la mort de sa sœur, ni au moment de l'enterrement.

Le 28 janvier, Clotilde achète sur l'ordre de Davaine 50 grammes de sirop de morphine pour apaiser les souffrances de Marie dont la poitrine est littéralement déchirée par la toux ; l'ordonnance mentionne en outre des vésicatoires sur sparadrap, et du papier épispatique [1]. Si, selon Maurois, la frivolité est un état violent, les souffrances endurées par Marie justifient bien cette allégation.

Le 1er février le docteur Davaine se déplace quatre fois. Marie suffoque, elle réclame de l'air, elle est brûlante, s'agite, puis s'étouffe à nouveau parce qu'elle a prononcé quelques mots. Il conseille à

1. Sorte de cataplasme enduit d'un révulsif qui forme sur la peau des cloques rouges et des brûlures.

Clotilde d'aller quérir un abbé. Clotilde sur son mémoire note : « soupe pour le praitre ». Il demeurera quarante-huit heures dans l'appartement de la mourante.

Le lendemain, Marie fait sortir sa plus belle chemise. Elle demande à être ensevelie au milieu des dentelles d'Alençon dont elle orna naguère nombre de ses toilettes. Elle reste coquette malgré les forces qui la quittent... Son regard est maintenant voilé... On sonne à la porte... Perrégaux se présente. Il pénètre dans le nid de soie rose où le lit d'amour est devenu lit de douleur. Marie cette fois ne le repousse pas, elle murmure : « Édouard, vous venez et je m'en vais. » Clotilde vient de changer la chemise de Marie. Comme un fou, Ned s'en empare et va consulter Alexis, le célèbre somnambule, qui, après avoir tâté l'étoffe, conseille : « Courez vite, elle n'en a plus pour très longtemps ! » La nuit se passe un peu mieux, la morphine ayant apporté un calme temporaire.

Le 2 février au matin, le docteur Davaine vient trois fois. Quand il repasse vers le soir, il constate que, de brûlants, les membres inférieurs se glacent. La fin est proche. Mais la malheureuse peut tenir encore un ou deux jours. Le prêtre veille et prie tout bas. Dans la nuit, Marie Duplessis reçoit les saintes huiles.

Dans le même temps, à Kiev, Franz Lizst donne un concert au profit des salles d'asile. Une inconnue a offert 100 roubles, vingt fois le prix de la place, déjà élevé. C'est une admiratrice inconditionnelle du virtuose. Elle est jeune, plutôt laide, fort mal tournée, mais d'une lumineuse intelligence et colossalement riche. C'est la princesse Carolyne Von Sayn Wittgenstein. Cette rencontre va changer le cours de la vie du musicien ; elle sera son égérie, même s'il assure ne pas l'aimer.

Le concert comprend *La Truite* de Schubert, une *Étude* de Chopin et en final le morceau favori de Franz, l'*Invitation à la Valse,* de Weber tandis qu'à Paris, assise auprès du lit, Clotilde recueille les dernières paroles audibles de Marie :

« Et si je les avais aimés pourtant ! »

La Dame aux camélias entre en agonie.

« Trois jours durant, écrit Théophile Gautier, se sentant glisser sur les parvis du gouffre où nous tomberons tous, elle s'était attachée, pour se retenir, à la main de sa garde. Jamais elle ne voulait la lâcher. Elle la quitta pourtant une fois, ce fut quand l'ange pâle vint la prendre. Par un dernier effort de la jeunesse reculant devant la destruction, elle se leva toute droite pour se sauver, poussa trois cris et retomba pour toujours dans ses linges funèbres. »

Il est trois heures du matin. Marie a cessé de souffrir.

À Kiev, Franz Liszt vient de donner une incomparable interprétation de l'*Invitation à la valse.* Les derniers tourbillons vont crescendo, l'arpège final monte en cascade jusqu'à la dernière note, qui s'envole dans le ciel où elle reste suspendue... La belle main du virtuose retombe lentement dans le silence.

Puis les applaudissements éclatent, crépitent, accompagnant les centaines de fleurs qui s'abattent aux pieds du demi-dieu.

Marie Duplessis repose maintenant, la tête entourée de dentelles sur un lit de camélias. Son petit visage « comme une perle parfaite » se détache sur le fond de soie noire de ses cheveux. Ses mains sont jointes sur un bouquet rond tout pareil à celui qu'elle portait à l'Opéra. En son centre, un « crucifix indulgent » signifie aux vivants que le spectacle est terminé.

La fleur de la postérité

> « *Pauvre fille ! On m'a dit qu'à votre heure dernière*
> *Une main mercenaire avait fermé vos yeux*
> *Et que sur le chemin qui mène au cimetière*
> *Vos amis d'autrefois étaient réduits à deux*[1]. »
>
> Dumas fils

DANS la fin du fameux poème extrait de *Péchés de jeunesse*, Dumas fils limite à deux personnes celles qui suivent le cortège funèbre. En réalité, quand le convoi quitte la maison le 5 février pour escorter la dépouille de Marie Duplessis, ceux qui l'ont chérie n'ont pas craint de braver « un monde insolent ».

« *Vous qui l'avez aimée et qui l'avez suivie*
Vous n'êtes pas de ceux qui, ducs, marquis, ou lords
s'étant fait un orgueil d'entretenir sa vie
N'ont pas compris l'orgueil d'accompagner sa mort. »

Il est facile à Alexandre de jeter l'anathème sur les absents. Sachant depuis plusieurs mois l'état de Marie, que n'a-t-il quitté Marseille un peu plus tôt ? Il

1. Le poème est reproduit *in extenso* en annexe p. 275.

eût fait partie de ceux-là qui s'enorgueillirent de la conduire jusqu'au bout du voyage.

Montjoyeux, présent aux obsèques, donne de l'escorte funèbre une liste incomplète dans laquelle on peut toutefois reconnaître les fidèles des derniers jours. On y voit figurer Tony, le marchand de chevaux, Romain Vienne, qui a signé le registre de la Madeleine en qualité de témoin, et bien des personnes, indigentes, « camélias » ou « filles de marbre » secourues jadis par la courtisane et qui ont tenu à la saluer une dernière fois. L'enterrement, s'il n'est pas fastueux, n'a rien de misérable. Il est possible que les anciens élus de Marie Duplessis se soient unis pour en assurer la dépense qui se monte à 1 354 francs. En quittant l'église, le « convoi blanc » est suivi par Perrégaux secoué de sanglots, pour la plupart empruntés aux remords ; derrière lui viennent les jeunes pages, Olympe Aguado, dont les vingt ans ont sonné le jour du dernier soupir de Marie, et Édouard Delessert le chevaleresque qui ne craint pas de se découvrir devant le péché et suit, tête nue, le corbillard jusqu'au cimetière Montmartre.

Certains pensent avoir aperçu le vieux Stackelberg appuyé au bras d'un domestique, d'autres assurent qu'il n'a pas eu la force de se déplacer. Narbonne-Pelet est là, qui a quitté son vaste domaine et ses haras. Il ne se mariera jamais et ne portera plus que des cravates noires, dit-on dans le pays.

En sortant du cimetière où on l'a placée dans un caveau provisoire, chacun de ceux qui ont tenu à son amour ou à son amitié emporte une image d'elle, un trait de son esprit, un élan de son cœur, ou une attitude : celle d'une femme tantôt joyeuse, tantôt nerveuse, triste, ou d'une « gaieté plus triste que le chagrin », svelte, pleine d'entrain « belle à faire croire un athée » ou « desesperanza » au teint pâle, jetant par poignées l'argent de ses amants, menant avec entrain les conversations en buvant jusqu'au matin du vin de Champagne.

Liszt avait raison, Marie était bien « l'incarnation la plus absolue de la femme qui ait jamais existé ».

Cette année-là, tandis qu'elle repose en terre, le musicien tout à Caroline Wittgenstein, déclare que décidément 1847 est pour lui « une année porte-bonheur ! ». Néanmoins il sera fortement choqué en apprenant la disparition de celle dont il a partagé quelques nuits enivrantes.

« *... Et cette pauvre Mariette Duplessis qui est morte ! C'est la première femme dont j'aie été amoureux qui se trouve dans je ne sais quel cimetière, livrée aux vers du sépulcre.* »

Dans cette même lettre à Marie d'Agoult, il exprime des regrets plus généreux :

« *Si par hasard je m'étais trouvé à Paris lors de la maladie de la Duplessis, j'aurais eu mon quart d'heure de Des Grieux, et j'aurais tâché de la sauver à tout prix, car c'était vraiment une ravissante nature, et que l'habitude de ce qu'on nomme (et de ce qui est peut-être) corrupteur n'atteignit jamais au cœur.* »

Les hommes qui maintenant s'éloignent du carré de terre anonyme vont vers un destin dans lequel la courtisane n'aura aucune part, bien que les ayant marqués d'une empreinte profonde.

Stackelberg mourra en 1850 ; il repose au petit cimetière du Calvaire près de la place du Tertre, à Montmartre.

Édouard Delessert n'est pas encore bachelier. En 1851 il fondera l'Athenœum français, après avoir entrepris un voyage d'exploration sur les rives de la mer Morte ; de retour de Syrie, il publiera un *Voyage aux villes maudites,* puis d'autres récits : *Le Chemin de Rome s'il vous plaît* et *Une nuit dans la cité de Londres.* C'est un jeune homme qui voyage beaucoup, sans doute en raison de son entrée au comité de la Société des Chemins de Fer du Nord. Tout comme Olympe Aguado, Édouard Delessert est d'une famille d'industriels et de banquiers ; il se lancera comme Olympe dans des travaux photographiques, mais plus en amateur qu'en vrai professionnel. Il cite un joli mot d'un paysan breton qu'il veut convaincre de se laisser prendre en photo :

« Mais ça ne vous fera pas de mal !

— Ça ne fera pas de bé non plus ! »

Édouard aime la vie et les plaisirs... L'impératrice Eugénie parle du « petit Delessert, un polisson qui lui a fait la cour ». On a, de la polissonnerie d'Édouard, un témoignage rapporté par le fielleux Viel-Castel. La princesse Mathilde lui avait accordé ses faveurs ; un soir, on jouait dans une maison amie au jeu du trente-et-quarante, et très vite Édouard passe la main. La princesse s'étonne :

« Vous vous en tenez à un seul coup ? »

À quoi de façon peu galante Delessert répond :

« Mieux qu'une autre, vous devez savoir que je n'ai pas l'habitude de m'en tenir à un seul coup ! »

On dit que le rose des joues de la princesse prit une teinte plus foncée.

Édouard ne se maria pas et mourut en 1898, à soixante ans, sans descendance.

Quant au cadet des Aguado, on le voit beaucoup aux Tuileries et à Compiègne. Il est reçu dans la famille impériale et aurait, comme son ami Delessert, « fleureté » lui aussi avec la belle Eugénie de Montijo, avant son mariage avec Napoléon III.

Ses talents de dessinateur lui permettront de retoucher, sur la reproduction qu'il a faite du tableau de Winterhalter, le visage de l'impératrice qu'il ne trouve pas assez ressemblant. On dit que l'extraordinaire lumière de ses photographies égale les toiles les plus célèbres de Bruegel. Quel beau cliché il eût pu nous offrir de Marie Duplessis ! Son sens artistique lui valut en 1855 une médaille de première classe au grand tournoi de l'Industrie et des Arts. En 1860, il épouse à Paris, en la chapelle des Tuileries, Bertha de Freystedt, demoiselle d'honneur de l'impératrice, dont il aura deux enfants.

Pierre de Castellane, lui, poursuit à contrecœur une carrière militaire en Afrique. On le retrouve consul de France en 1862 à Ancône, et à Budapest en 1867. Il collabore au *Moniteur universel* et à la *Revue des Deux-Mondes*. Il n'a pas d'enfants de son mariage avec Mlle Sapia, sœur du directeur de la comptabilité au ministère d'État. Le chevalier servant de Marie

Duplessis, lors de son ultime sortie en public, meurt à Paris en 1883 à l'âge de cinquante-neuf ans.

Célébrée de son vivant, la courtisane après sa mort reçoit de la presse regrets et hommages vibrants. Deux grands quotidiens, *L'Époque* et *Le Siècle*, lui consacrent leur feuilleton ; Amédée Achard, sous le pseudonyme de Grimm, écrit dans les *Lettres parisiennes :*

« Une femme vient de mourir qui fut un temps l'une des plus emportées et des plus charmantes de ces vierges folles qui remplissent toute une capitale du bruit de leur tumulte et de leurs amours.

De cette femme vous connaissez tout au moins le nom, sinon l'existence : elle s'appelait Marie Duplessis. Elle avait reçu de Dieu une élégance et une distinction naturelles qu'une grande dame eût enviées. La grâce lui était venue comme le parfum vient à la fleur... Marie brûlait sa vie et semblait courir au-devant de la mort... »

Quant à Dickens, il trouve que Paris est bien corrompu :

« Depuis quelques jours, toutes les questions politiques, artistiques et commerciales sont délaissées par les journaux. Tout s'efface devant un événement d'une bien plus haute importante, la mort romanesque d'une des gloires du demi-monde, la célèbre Marie Duplessis. »

Guinot revient, pour sa part, sur le fait que les intimes de Marie la savaient noble et titrée. Après avoir posé la question : « Appartenait-elle à l'aristocratie par droit de naissance ou par droit de conquête ? », il répond en mettant en parallèle les « deux reines » qui se partageaient « l'empire d'un monde enjoué et frivole », la première étant Lola Montès, dont l'ascendant a rendu fou le roi de Bavière... « L'autre reine Marie Duplessis ne devait pas s'élever à de si hautes destinées... et ce n'est pas un roi véritable qui a posé sur son front la couronne de comtesse. »

Dans un ton plus prosaïque, c'est au tour de Gustave Claudin de tracer le portrait d'une « étoile dans le monde de la galanterie, fantasque, capricieuse et folle, adorant aujourd'hui ce qu'elle avait détesté la veille et vice versa ». Puis, soulignant son inimitable élégance :

« C'est bien de Marie Duplessis qu'on aurait pu dire qu'elle avait du “ particulier ”.

Tant que les fleuristes pouvaient lui en fournir elle portait des camélias blancs. Trois jours dans le mois les camélias blancs étaient remplacés par des camélias rouges. La couleur de son bouquet indiquait que bien que ne suivant pas Moïse elle traversait aussi la mer Rouge. On ne saurait parler plus clairement le langage des fleurs. »

Enfin le 1er mars, le *Paris élégant* s'apitoie sur « cette pauvre enfant abandonnée à l'instant de l'agonie de tous ceux qui naguère se disputaient son corps adoré ».

À l'instant de l'agonie, il était trois heures du matin, chacun était rentré chez soi. Mais la veille, « ils » étaient tous venus et le jour des obsèques « ils » étaient présents. Le seul qui aurait eu le devoir de veiller Marie était l'homme qui lui avait donné son nom. Mais ce n'est pas lui qui recueillit son dernier soupir.

Perrégaux va se racheter en faisant ériger au cimetière Montmartre par M. Robichon, marbrier, un tombeau racé comme celle dont il protège le sommeil ; le monument est situé avenue Saint-Charles, 15e division, 11e ligne, n° 12, et coûte 526 francs à Ned.

Sur les deux faces latérales est répétée la même inscription :

« ICI REPOSE
ALPHONSINE PLESSIS
Née le 15 janvier 1824
Décédée le 3 février 1847. »

Un peu plus bas en italique, et afin d'escorter dans l'infini cette âme pécheresse, Ned a fait graver le sixième des sept Psaumes de la Pénitence :

« DE PROFUNDIS. »

Sur la face du monument funéraire, dans une calligraphie ravissante, un A et un P entrelacés rendent à Marie d'un même coup son identité de paysanne et celle d'épouse légitime, geste noble si on veut le prendre pour tel et en même temps, subtil, en ce qu'il permet de laver la famille Perrégaux de toute trace de mésalliance...

L'exhumation a lieu le mardi gras 16 février sous une pluie froide comme il n'en tombe que dans les cimetières, tandis que le carnaval descendant de la butte Montmartre déroule son serpentin bruyant de masques et de travestis que le déluge ne rebute pas.

Alexandre est-il présent lors de la cérémonie ? Les détails précis qu'il en donne tendent à le prouver. N'ayant pu revoir Marie, il aurait demandé à Ned de lui permettre de reconnaître à ses côtés « le visage qui maintenant l'obsède ». Dans le roman, c'est Armand lui-même qui, substitué à Perrégaux, achète le monument funéraire et demande au commissaire de police l'autorisation de procéder à la translation...

« Un grand linceul blanc couvrait le cadavre dont il dessinait quelques sinuosités. Ce linceul était presque complètement mangé à l'un des bouts, et laissait passer le pied de la morte. Alors un des deux fossoyeurs étendit la main, se mit à découdre le linceul, et, le prenant par le bout, découvrit brusquement le visage.

C'était terrible à voir, c'est horrible à raconter. Les yeux ne faisaient plus que deux trous, les lèvres avaient disparu, et les dents blanches étaient serrées les unes contre les autres. Les longs cheveux noirs et secs étaient collés sur les tempes et voilaient un peu les cavités vertes des joues, et cependant je reconnaissais ce visage blanc, rose et joyeux que j'avais vu si souvent. »

Le commissaire dit alors à Armand Duval :

« " Reconnaissez-vous ?
— Oui, répondit sourdement le jeune homme.
— Alors fermez et emportez ", dit le commissaire.
Les fossoyeurs rejetèrent le linceul sur le visage de la morte, fermèrent la bière, la prirent chacun par un bout et se dirigèrent vers l'endroit qui leur était désigné. »

La hâte étrange apportée à la nouvelle inhumation ne laisse pas le temps de construire un caveau. Perrégaux en a pris sans doute la décision trop tardivement. Le corps de Marie repose donc en pleine terre dans sa prison de fleurs. Romain Vienne, au nom des héritiers, déclare les droits de M. Perrégaux contestables. Il fait une démarche auprès de Gabriel Delessert, le préfet de Police. Finalement, Ned devra simplement adresser une demande en forme à la famille ; c'est ainsi que sera réglé un différend qui n'en est pas un, le comte ayant pu appuyer de son acte de mariage la revendication qu'il considère à juste titre comme son bon droit.

Les instances diverses engagées sur les initiatives du remuant Romain Vienne non seulement ne seront pas retenues mais Delphine, exaspérée par les quêtes incessantes de ses querelles, se débarrassera de lui rapidement.

Johannès Gros estime les chicanes de « l'homme de lettres » pour le moins déplacées à l'égard du gentilhomme qui accomplit un devoir d'affection pieuse, assurant à Marie « l'abri de son éternel repos ».

En contant l'histoire de la fille de joie faite martyre par la mort, Dumas va se livrer à une exhumation plus glorieuse, la rendant légendaire par la littérature :

« Maintenant vous avez, parmi les fleurs, Marie
Sans crainte du réveil le repos désiré. »

Dumas fils ignore qu'il va la réveiller à tout jamais d'un sommeil injustement prématuré, au point que, projetée dans le temps, l'image tenace de Marie Duplessis, se refusant à disparaître, hante l'esprit de quelques « égarées », qui viennent au cimetière déposer devant l'entrelacs de ses initiales, l'une à la veille de Noël un minuscule sapin saupoudré de neige, l'autre son tube de rouge à lèvres, ex-voto offert sur l'autel des vanités, ou encore cet être double, portant jusqu'au faîte du tombeau chaque vendredi un camélia blanc et un camélia rouge en hommage à une féminité qui lui a été refusée par la nature.

L'ombre de Marie est sur la terre et continue d'émouvoir toutes les Mimi Pinson et les Aspasie de notre temps.

Avec ce bouquet de camélias s'élançant vers le ciel, on croit voir encore dans une toilette « effrénée d'éclat » la figure d'ange sensuel de Marie Duplessis.

Les grands yeux noirs protestant seuls contre la pureté de la physionomie virginale, les lèvres ouvertes gracieusement sur les dents blanches comme du lait, elle danse.

Elle danse avec passion, avec ivresse, ni trop vive, ni trop penchée, les contours de son corps ondoyant dans une grâce alanguie s'accélèrent soudain, au rythme de la valse à deux temps, avec une ardeur d'étourdissement et de vertige qui l'emporte pour l'éternité jusqu'aux rives du fleuve qu'on ne passe pas deux fois...

« ... *Et plus tard un ange entrouvrant les portes*
Viendra ranimer fidèle et joyeux
Les miroirs ternis et les flammes mortes. »

Charles Baudelaire

Épilogue

Le Moniteur des Ventes du jeudi 18 février publia l'annonce suivante :

Le mercredi, 24 février,

Vente aux enchères publiques, en vertu d'une ordonnance de référé, après décès de Mme Plessis,

D'un riche mobilier, objets de curiosité, garde-robe, argenterie, bijoux, diamants, chevaux, voitures, harnais, etc.

Boulevard de la Madeleine, 11,

Les mercredi 24, jeudi 25, vendredi 26, et samedi 27 février 1847, à midi,

Par le ministre de Me Ridel, commissaire-priseur,

Rue Saint-Honoré, 335.

Les journaux firent savoir que l'exposition publique s'ouvrirait le mardi 23 février, à midi, au domicile de la défunte. On avait apposé deux cents affiches sur les murs de la capitale et mis en place huit cents catalogues.

Devant la maison ce fut, cinq après-midi durant, un encombrement de « luxueux équipages », une file de voitures « armoriées ». « L'aristocratie du Faubourg et celui de la Chaussée-d'Antin s'étaient là donné rendez-vous ». Mais il y avait aussi du monde de toutes sortes, « du meilleur et du pire », ainsi que le constatait Théophile Gautier. Surpris en pleine promenade sur le Boulevard, par ce rassemblement inaccoutumé, il avait été happé dans ses remous. La foule entrait et montait. Il avait fait comme la foule et s'était arrêté à l'entresol. « Des lions, des juifs, des lorettes, des femmes honnêtes » se bousculaient dans le palais de cette reine disparue.

Tout ce joli monde passe en revue le moindre objet, le moindre chiffon qu'on va disputer au feu des enchères. Ainsi se trouveront pour ainsi dire transplantés, de cette demeure dédiée au péché dans quelques maisons convenables, les porcelaines de Sèvres et de Saxe, les meubles de Boulle, les terres cuites de Clodion, les bronzes florentins, objets de la plus précieuse recherche.

Une pendule des temps anciens, dont on assure qu'elle « a sonné l'heure à Mme de Pompadour et à Mme du Barry », avec ses candélabres de bronze doré et de porcelaine décorée est adjugée à 5 200 francs. Les candélabres venaient de Stackelberg. C'était un bel héritage pour Marie Duplessis que la possession d'une horloge, témoin de deux beautés qui l'avaient précédée au XVIIIe siècle dans l'art de la licence.

Les honnêtes personnes qui se promènent à travers

l'appartement, palpant les étoffes, caressant l'albâtre, soupesant l'argenterie, déclarent d'une mine renfrognée que « tout est trop beau, trop riche, trop élégant ». Théophile Gautier s'amuse de celles qui à la vue de ces belles choses se trouvent mal payées de leur vertu. « Hélas, dit-il, tout bas à Sir Richard Wallace qui l'accompagne dans sa déambulation, hélas ! si elles se doutaient des peines qu'ont coûtées à la malheureuse chacune de ses fantaisies splendides ! » Et Wallace non moins amusé de repartir : « Elles les auraient peut-être acceptées... aux mêmes conditions ! »

Un meuble de bois de rose décoré fait 1 750 francs ; celui-là même qui à l'anniversaire de Marie, si proche, renfermait les chocolats de Narbonne-Pelet empapillotés de billets de banque. Gautier s'attarde devant le lit sanctifié par la mort, sous la lampe d'onyx qui tombe tristement du plafond, où « la veilleuse de l'agonie a remplacé l'étoile des nuits heureuses ». Il lui semble voir se détacher sur les rideaux de l'alcôve « cette figure fluette et blanche, sous sa longue draperie, l'œil dilaté par une épouvante indicible ».

En parcourant avec attention l'inventaire, on constate que malgré le mont-de-piété, les pillages et les spoliations dont il a été tant question, il faudra quatre journées, les 24, 25, 26 et 27 février 1847, pour que s'écoulent toutes ces merveilles. En partant pour l'autre monde, Marie Duplessis, après plusieurs mois de gêne, laissera encore une garde-robe comprenant environ cent cinquante articles, des robes, des lingeries par douzaines, vingt-sept robes de chambre, plus de soixante robes de ville et de soirée, sans parler de ses châles de cachemire, de mantelets doublés de chinchilla, de martre et de zibeline dont elle s'emmitouflait hiver comme été.

Romain Vienne se voit adjuger six robes blanches, une nappe et onze serviettes, un boa de martre, vingt-quatre pièces de torchons et serviettes, deux marmousets, deux chenets, une cuisinière, un lot de pelles et de pincettes, trente-quatre pièces de verrerie, une boîte de papillons, un lot d'ustensiles de cuisine, deux lithographies, quatre porte-bouteilles, quatre flambeaux, un lot de bobèches. On dirait que Vienne, à très bas prix, monte son ménage ; il est en effet marié depuis peu. Offrira-t-il les six robes blanches de la courtisane à son épouse ? Ce sont de petits lots qui ne dépassent guère 20 francs chacun. Il achète pourtant pour 50 francs un médaillon, sans doute celui représentant Marie Deshayes. Dans une lettre retrouvée en Normandie, il écrit en effet à Delphine qu'il lui abandonne le portrait de sa mère comme lui revenant de droit. Eugénie Mariette a conservé jusqu'à ce jour la miniature de son aïeule. Rendons-lui grâce de connaître le regard de la mère d'Alphonsine.

Bien qu'héritière, Delphine est tentée par huit jupons de coton blanc mais son mari, Paquet, reçoit de l'adjudication une montre en or qu'il paie 190 francs. Le paysan aurait-il des goûts de luxe ? Les pièces les plus chères de la vente vont lui être adjugées. C'est lui qui aura la fameuse horloge et les deux candélabres au prix de 3 500 francs, et le meuble en bois de rose pour 1 250 francs. Ces objets de prix iront-ils échouer dans la Normandie natale de la défunte ? Paquet est assez malin pour avoir choisi les plus belles pièces afin d'en tirer de l'argent... il est clair qu'il ne traite pas pour son compte. Malgré les 20 000 francs de dettes réclamés par les créanciers de celle qui gardait soigneusement toutes les factures mais ne les payait pas, il restera 40 000 francs à Delphine pour s'acheter sa ferme du Bisseuil.

Le tableau de Vidal représentant sa sœur sortant du bain est emporté en Normandie et affiché dans l'estaminet tenu plus tard par les Paquet. « Venez voir ma sœur la duchesse », dit Delphine aux clients...

Bientôt ils feront de mauvaises affaires et la toile, après avoir été roulée pendant cent ans dans un grenier, sera vendue en 1960 à un charcutier de Clichy. Grâce au prix de la vente, les descendants actuels de Delphine pourront acquérir de quoi se loger plus confortablement.

Ainsi, au-delà de la mort, Marie par deux fois sera venue en aide à sa famille. On ignore ce qu'est devenu le portrait.

La liste des acheteurs nous apprend que ce sont pour la plupart de simples bourgeois anonymes qui se partagent les tableaux, les harnais, les bijoux ayant appartenu à la courtisane... et très peu de dames. Le salon complet de satin cerise va à un certain M. Deacon. M. Gaucher se porte acquéreur des rideaux assortis et c'est le docteur Varembourg qui emporte pour la somme totale de 1 140 francs la couchette en palissandre avec son sommier élastique, l'armoire à glace et la table de nuit toutes deux en palissandre.

On chercherait en vain ces noms dans l'*Almanach des 25 000 adresses.* Pourtant, une personne de rang supérieur choisit et obtient pour 1 660 francs une montre d'or émaillé, une chaîne et cinq breloques en or et brillants, une épingle avec une turquoise et douze petits brillants montés ; enfin deux épingles et bagues en or et brillants. Il s'agit de la duchesse de Raguse... La tante d'Édouard Perrégaux. Voyant Ned dans l'incapacité de retourner sur les lieux trop « parlants » pour lui, la duchesse est allée discrètement racheter quelques-unes des parures que son neveu a offertes jadis à la défunte. Ce qui n'empêchera pas le petit-fils du premier régent de la Banque de France d'intenter un procès aux époux Paquet afin d'obtenir la restitution des bijoux qu'il répugne à leur laisser. Mais tout comme il néglige de se présenter à son régiment, il négligera de poursuivre sa requête au tribunal, faisant preuve encore une fois de ce caractère faible et indolent que nous lui connaissons... En 1848, le ministère de la Guerre fonde une commission d'examen pour déterminer les droits des officiers démissionnaires... Ned reçoit le papier officiel qui le réintègre.

« Le citoyen Perrégaux, sous-lieutenant démissionnaire peut rentrer au service si toutefois il a payé les dettes qu'il avait contractées par excès de jeunesse.

En conséquence et dans ces conditions, elle propose de réintégrer, cet officier n'étant âgé que de trente-trois ans. »

La lettre est datée du 26 décembre 1848. Un an après la mort de Marie, Ned part pour l'Afrique... Il ne se remariera jamais et restera sans postérité, dernier de sa branche qui meurt avec lui.

On est surpris de constater, en consultant la généalogie de la famille Perrégaux dans le *Grand Armorial de France,* que Charles Édouard de Perrégaux y est officiellement reconnu pour l'époux de Mlle Duplessis.

C'est dans la commune de Saint-Cyr, Indre-et-Loire, canton de Tours, qu'il s'éteindra le 30 du mois de mai 1889 à l'âge de soixante-treize ans, « sans profession ». C'est là tout ce que nous savons des quarante années de vie de l'homme qui fut capable d'épouser une pécheresse et de lui offrir une sépulture décente.

Quant à Dumas fils, il se hâte d'arriver boulevard de la Madeleine où se dispersent les vestiges du passé encore vibrant de ses amours, car, dit-il « je voulais avoir quelque chose qui ait appartenu à cette fille ».

Dans le salon vidé de ses meubles où sont alignées des banquettes, monde et demi-monde s'amusent, bavardent et rient. Alexandre juge cette gaieté folle indécente dans la maison où plane encore la grande ombre de la mort. Il a un regard attendri sur le perroquet jaune et bleu qu'il voyait jadis sur l'épaule de sa maîtresse quand, de son cabinet de toilette, elle assistait au spectacle mouvant du Boulevard... C'est un M. Humbert de la rue Saint-Florentin qui l'emporte tandis que l'ara imite déjà les commissaires-priseurs : « Personne n'en veut ?... adjugé ! »

Alexandre rachètera un peu plus tard à un marchand qui l'a surenchérie la chaîne-sautoir composée d'une série de perles irrégulières reliées l'une à l'autre par des nœuds de maille d'or dont Marie ornait la blancheur de son cou la plupart du temps. Il fera cadeau à sa fille, Jeanne d'Hauterive, de ce touchant souvenir dont les perles ont presque toutes perdu leur orient.

La fille de Dumas le portera jusqu'à la fin de sa vie et se fera ensevelir, dit-on, avec la relique des amours de son père.

Au mois de mai suivant la mort de Marie, Dumas fils se rend à Saint-Germain-en-Laye en compagnie d'un ami ; comme il s'y rendit jadis avec le fils Déjazet. Ravelet y possède toujours le manège et l'écurie d'où il a vu défiler sur ses chevaux toutes les jolies filles de la galanterie, y compris Marie Duplessis qui était une habituée du lieu et dont « la nature fiévreuse se plaisait à ces promenades ». C'est Dumas fils lui-même qui s'exprime ainsi dans une lettre à Calmann en 1886 en vue d'une nouvelle préface de son roman. Dumas y rend hommage à celle de Janin, pensant ne pouvoir faire mieux, et salue au passage Gérard de Contades pour son étude très exacte publiée dans la revue *Le Livre.*

En guise de remerciements pour les *Portraits* que Contades lui a fait parvenir, il lui offre un exemplaire du discours qu'il a prononcé à l'Académie :

« Si l'on m'avait dit quand je courais la poste à Saint-Germain à cheval avec Marie Duplessis que ce serait moi qui ferais un jour l'éloge académique de Victor Hugo, on m'aurait bien étonné...

Entre nous, tout à fait entre nous, j'aurais volontiers cédé cette gloire à celui qui m'aurait rendu ce jour-là mes vingt ans et la belle fille. »

L'auteur de *La Dame* reconnaît qu'il doit tout à Marie, « puisque je lui dois mon premier succès de roman et mon premier succès de théâtre », écrit-il à Calmann.

Que d'événements, de drames, de passions, de réussites ont dû leur naissance à une circonstance imprévue...

Ayant raté son train en voulant rentrer de Saint-Germain à Paris, ce jour-là, il s'est promené longuement sur la terrasse où il venait « respirer autrefois avec la belle fille ». Ils dormaient alors à l'*Auberge du Cheval Blanc* dans une chambre qu'il payait un franc par jour. Ayant vu le train s'en aller, il va loger à l'auberge, la seule qui soit ouverte. Tout conspire à raviver ses souvenirs. Resté seul en des lieux encore pleins d'elle, il pense intensément aux moments qu'ils ont vécus, et soudain, dit-il à son éditeur :

« ... l'idée d'écrire son histoire me vint à l'esprit et si impérieusement que j'achetai trois ou quatre cahiers de grand papier, des plumes, de l'encre et je commençai ce livre... Je ne voulus pas quitter Saint-Germain sans en avoir écrit le dernier mot. Ce fut l'affaire de trois ou quatre semaines. »

Le roman, paru en 1848, remporte un vif succès. Plus ardue devient la tâche de montrer sur une scène la vivante incarnation d'une femme de mauvaise vie, même si habilement Dumas lui fait vendre tous ses biens, et renoncer héroïquement à celui qu'elle aime afin de ne pas lui nuire. Dans l'existence, Dumas fils a joué avec l'idée de relever la pécheresse ; dans le roman et surtout dans la pièce il se donne corps et âme à cette mission purificatrice.

C'est le vaudevilliste Giraudin qui, après avoir lu l'ouvrage, conseille à Dumas fils d'en tirer un drame.

La censure, sous le ministère de Léon Faucher, oppose son veto pendant un an. Qui va s'interposer et « remuer des machines » pour que l'ouvrage puisse affronter les feux de la rampe ? Un ancien « élu » de Marie, le viveur impénitent, président de la « loge infernale » qu'est Fernand de Montguyon.

« Fernand de Montguyon était l'ami de M. de Morny ; M. de Morny était l'ami du prince Louis Napoléon, le prince était président de la République, M. Léon Faucher était ministre de l'Intérieur... », raconte Dumas. Rappelons pour mémoire que Morny, fils de la reine Hortense, était par conséquent le demi-frère du prince Louis Napoléon, futur empereur des Français.

Malgré cette échelle de recommandations, Faucher demeure irréductible. Par bonheur, grâce au coup d'État du 2 décembre M. de Morny remplacera M. Faucher à l'Intérieur.

Joyeux, Dumas s'écrie :

« Voir tout à coup remplacer un ministre qui vous gêne par un ministre qui vous sert c'est ce qui s'appelle de la chance ! »

Et il poursuit un peu plus loin :

« Maintenant, avais-je ou n'avais-je pas, moralement, le droit de mettre en lumière et de présenter sur la scène cette classe de femmes ? Évidemment oui, j'avais ce droit. Toutes les classes de la société appartiennent au théâtre et principalement celles qui, aux époques de transformation, surgissent tout à coup et inspirent à une société un caractère d'exception. Parmi celles-ci, il faut ranger nécessairement les femmes entretenues qui ont sur les mœurs actuelles une influence indiscutable. »

« Et voilà soudain ce drame aux faciles amours qui devient un événement littéraire », dit Jules Janin, alors qu'Henry Lyonnet considère que c'est une œuvre de jeunesse sans prétention qui n'a pas demandé à l'auteur grands frais d'imagination : « La scène de la présentation chez Marguerite Gautier, celle du souper, la crise de toux, les détails de la première entrevue sont à peine démarqués. » Clémence Pratt devient Prudence Duvernoy, le comte de Stackelberg s'appellera le vieux duc et le comte de N. restera le comte de N. Le roman a été écrit en trois semaines ; Alexandre bâtit le drame en huit jours dans sa petite maison de Neuilly. Comme il ne prend pas le temps d'acheter des cahiers, il prétend écrire sur tous les chiffons qu'il trouve !

La pièce va se jouer deux cents fois, ce qui est un événement pour l'époque, et un coup de fortune pour le théâtre du Vaudeville qui se trouve alors place de la Bourse. La brasserie existe encore sous le même nom de nos jours.

La créatrice du rôle, Eugénie Doche, est une révélation. Elle a, d'après l'auteur, « la gaieté fine, élégante, nerveuse, l'abandon familier, la gaminerie mélancolique... Douleur, extase, sérénité, pudeur dans la mort, rien ne lui a manqué, sans compter la jeunesse, l'éclat, la beauté, le brio... Il n'y a pas une observation à lui faire ; c'est au point qu'en jouant le rôle de cette façon, elle avait l'air de l'avoir écrit. Une pareille artiste n'est pas une interprète, c'est un collaborateur ».

Dumas sait de quoi il parle... et à l'exception des beaux cheveux de Mlle Doche qui sont blonds, tous les adjectifs cités ont les couleurs et le caractère du modèle.

À un jour près, cinq ans séparent de la mort de Marie la naissance de Marguerite.

Marie s'est éteinte dans la nuit du 2 au 3 février 1847, le rideau se lève sur *La Dame aux camélias* le 2 février 1852... « Il n'y a pas de hasard, assure Voltaire, il n'y a que des épreuves, des punitions, des récompenses et des prévoyances. » En fait de récompense, quel joli cadeau d'anniversaire, offert par Adet aux mânes de Marie, que cette « représentation » d'elle-même. Dans les ovations qui accueillent la grâce de Mlle Doche, une part des applaudissements retombent sur le fantôme de celle qui a été la vraie Dame aux camélias...

La plupart des spectateurs qui assistent à la première l'ont bien connue, Paul de Saint-Victor, Théophile Gautier, Janin, Musset, Roqueplan, Viel-Castel, Montguyon. Stackelberg n'est plus de ce monde depuis deux ans, mais les autres, les amis, les compagnons, les amants, sont-ils ce soir-là au théâtre du Vaudeville ? Ou bien, le respect de l'absente étant plus fort que la curiosité, se sont-ils abstenus ? On aimerait le savoir et connaître leur réaction...

Verdi en aura une, immédiate, en voyant la pièce ; le sujet le charme au point qu'il décide d'en écrire la musique. *La Dame aux camélias* va devenir *La Traviata (L'Égarée)*, Marguerite s'appellera Violetta. Plus timoré que Dumas, Verdi situera l'action au XVIIe siècle pour ne pas choquer le public du XIXe. Dans cette présentation anachronique, une chanteuse trop grosse pour être phtisique rend l'ouvrage si peu crédible que la première au théâtre de la Fenice à Venise est un four complet. Par la suite, l'œuvre de Verdi aura la revanche que l'on sait, on rendra la tuberculeuse à son siècle, et si, de nos jours, *La Dame aux camélias* est peu jouée, *La Traviata* ne cesse d'être chantée dans le monde par les plus étincelantes cantatrices.

ANNEXES

De l'Élégie à l'invective

M. D.

Nous nous étions brouillés ; et pourquoi ? Je l'ignore :
Pour rien ! Pour le soupçon d'un amour inconnu
Et moi qui vous ai fuie, aujourd'hui je déplore
De vous avoir quittée et d'être revenu

Je vous avais écrit que je viendrais, Madame,
Pour chercher mon pardon, vous voir à mon retour
Car je croyais devoir, et du fond de mon âme
Ma première visite à ce dernier amour

Et quand mon âme accourt, depuis longtemps absente
Votre fenêtre est close et votre seuil fermé
Et voilà qu'on me dit qu'une tombe récente
Couvre à jamais le front que j'avais tant aimé

On me dit froidement qu'après une agonie
Qui dura quatre mois le mal fut le plus fort
Et la fatalité jette avec ironie
À mon espoir trop prompt le mot de votre mort

J'ai revu, me courbant sous mes lourdes pensées
L'escalier bien connu, le seuil foulé souvent
Et les murs qui, témoins des choses effacées
Pour lui parler du mort arrêtent le vivant

Je montai. Je rouvris, en pleurant cette porte
Que nous avions ouverte en riant tous les deux

Et dans mes souvenirs j'évoquais chère morte
Le fantôme voilé de tous nos jours heureux

Je m'assis à la table où, l'un près de l'autre
Nous revenions souper aux beaux soirs de printemps
Et de l'amour joyeux qui fut jadis le nôtre,
J'entendais chaque objet parler en même temps

Je vis le piano dont mon oreille avide
Vous écouta souvent éveiller le concert
Votre mort a laissé l'instrument froid et vide
Comme en partant l'été laisse l'arbre désert

J'entrai dans le boudoir, cette oasis divine
Égayant vos regards de ses mille couleurs
Je revis vos tableaux, vos grands vases de Chine
Où se mouraient encore quelques bouquets de fleurs

J'ai trouvé votre chambre à la fois douce et sombre
Sanctuaire d'amour par la mort consacré
Le soleil éclairait le lit dormant dans l'ombre
Mais vous ne dormiez plus dans le lit éclairé

Je m'assis à côté de la couche déserte
Triste à voir comme un nid, l'hiver au fond des bois
Les yeux longtemps fixés sur cette porte ouverte
Que vous aviez franchie une dernière fois

La chambre s'emplissait de l'haleine odorante
Des souvenirs joyeux, tandis que j'écoutais
Le tic-tac alterné de l'horloge ignorante
Qui sonnait autrefois l'heure que j'attendais

Or c'est là qu'autrefois, ô ma chère envolée,
Nous restions tous les deux lorsque venait minuit
Et depuis ce moment jusqu'à l'aube éveillés
Nous écoutions passer les heures de la nuit

J'ai rouvert les rideaux qui, faits de satin rose
Et voilant au matin le sommeil à demi
Permettaient seulement ce rayon qui dépose
Le réveil hésitant sur le front endormi

Mais vous toutes les nuits éclairée à sa flamme
Vous regardiez le feu dans le foyer courir
Car le sommeil suivait de vos yeux, et votre âme
Souffrait déjà du mal qui vous a fait mourir

Ainsi qu'un ver rongeant une fleur qui se fane
L'incessante insomnie étiolait vos jours
Et c'est ce qui faisait de vous la courtisane
Prompte à tous les plaisirs, prête à tous les amours

Vous souvient-il des nuits où, brûlante amoureuse
Tordant sous les baisers votre corps éperdu
Vous trouviez, consumée à cette ardeur fiévreuse
Dans vos sens fatigués le sommeil attendu ?

Vous souvient-il encore dans le monde où vous êtes
Des choses de ce monde et, sur les froids tombeaux
Entendez-vous passer ce cortège de fêtes
Où vous vous épuisiez pour trouver le repos ?

Maintenant vous avez parmi les fleurs, Marie,
Sans crainte du réveil le repos désiré
Le Seigneur a soufflé sur votre âme flétrie
Et payé d'un seul coup le sommeil arriéré

Pauvre fille ! On m'a dit qu'à votre heure dernière
Une main mercenaire avait fermé vos yeux
Et que sur le chemin qui mène au cimetière
Vos amis d'autrefois étaient réduits à deux

Eh bien ! Soyez bénis, vous deux qui, tête nue,
Bravant l'opinion de ce monde insolent
Avez jusques au bout, de la femme connue
En vous touchant la main mené le convoi blanc

Vous qui l'avez aimée et qui l'avez suivie
Qui n'êtes pas de ceux qui, ducs, marquis ou lords
S'étant fait un orgueil d'entretenir sa vie
N'ont pas compris l'orgueil d'accompagner sa mort

A. D.

Cette élégie, ce « chant tombé du cœur, comme le bruit étouffé d'un sanglot », Dumas fils en compose les vingt-deux strophes dans la fièvre de l'inspiration.

C'est, en matière de poésie, ce qu'il écrira de plus réussi, *La Dame aux camélias* demeurant au théâtre sa meilleure œuvre... Tout comme pour Liszt, à cette différence près qu'il est de douze ans plus jeune que le musicien, c'est la première fois qu'à peine face à l'amour, il est confronté à la mort de celle qu'il a tenue dans ses bras... Magnifiée par le souvenir vivant qu'elle a laissé de sa jeunesse et de sa fragilité, il n'est pas étonnant que Marie Duplessis, à la veille de la chute du romantisme, en devienne par la plume du poète l'incarnation la plus pure.

Il paraîtrait, cependant que, ce poème assez peu connu, Dumas fils en ait éprouvé quelque honte ; il n'a été édité qu'une centaine d'exemplaires du recueil intitulé *Péchés de jeunesse ;* l'écrivain les rachetait pour les retirer de la circulation : « Les bonnes feuilles apportées chez mon père, non pliées, servaient à envelopper les paquets », déclare Dumas fils dans un cynisme naïf. Ainsi les alexandrins célébrant ses premières amours sont-ils transformés en papier d'emballage. Il ne peut pourtant rattraper les quatorze exemplaires déjà vendus qui circulent dans le monde. On ne tue pas si facilement Marie Duplessis.

Ce geste sacrilège est assez dans la manière paradoxale de l'écrivain qui, s'étant penché avec indulgence sur la vie tragique des courtisanes avec *La Dame aux camélias,* finira par les couvrir d'opprobre avec *Le Demi-Monde.* Tout aussi gênante est son attitude envers la grande Sarah Bernhardt. Il l'inonde d'éloges et lui envoie en hommage sa propre lettre de rupture avec Marie Duplessis au soir du quarante et unième anniversaire de la création de la pièce. L'envoi est accompagné de ces quelques mots :

« *Cette lettre est la seule preuve palpable qui soit de cette histoire. Il me semble qu'elle vous revient de droit puisque c'est vous qui venez de rendre à ce passé mort la jeunesse et la vie. Gardez-la en tout cas, comme un souvenir de la belle soirée de samedi dernier et comme un bien faible témoignage de ma très grande admiration et de ma très vive reconnaissance.*

Là-dessus, je vous applaudis de toutes mes forces et je vous embrasse de tout mon cœur.

A. Dumas fils. »

Que penser de l'homme qui quelques jours après, dans un dîner, déclare Sarah très mauvaise et assure que personne n'a jamais aussi mal joué qu'elle Marguerite Gautier[1] ? C'est pourtant Sarah qui chaque année, au jour des Morts, va fleurir la tombe de Marie Duplessis.

Certes, Dumas fils a été marqué par sa jeunesse d'enfant naturel ; il a souffert de l'abandon de ce père génial, excessif et amoral qui a fini par le reconnaître et sans doute par l'aimer : « Mon plus bel ouvrage, c'est toi mon fils. » C'est par amour pour sa mère Catherine Lebay que le jeune homme va défendre les filles séduites, les malheureuses lâchées par une société égoïste, qui, « refusant à la vertu le droit d'être un capital, a donné au vice le droit d'en être un ».

Dans la belle préface d'une réédition de *La Dame* écrite quinze ans après la création, Dumas fils déplore que les femmes du monde ayant rivalisé de luxe avec des créatures dont elles auraient dû ignorer le nom se soient mises sur le même plan qu'elles pour rattraper les hommes qui désertaient leur chambre à coucher.

« Non seulement on eut les mêmes toilettes, mais on eut les mêmes langages, les mêmes danses, les mêmes aventures, les mêmes amours, disons tout, les mêmes spécialités... Le cœur a complètement disparu du commerce clandestin des amours

1. Bernard Shaw n'est pas loin de l'opinion de Dumas quand il compare, dans le rôle, la simplicité de la Duse à l'emphase de Sarah.

vénales. *La Dame aux camélias,* écrite il y a quinze ans, ne pourrait plus être écrite aujourd'hui... Voilà ce que les mères et les épouses ont laissé faire, voilà où nous sommes tombés... »

Et l'auteur s'écrie, outré :

« Nous allons à la prostitution universelle !!! »

Le mot « Caméllia »

Sans vouloir systématiquement faire le procès de Dumas, il faut reconnaître qu'on peut souvent le prendre en flagrant délit d'artifice. Notamment quand il annonce que le surnom de « Dame aux camélias » est revenu à Marie Duplessis après sa mort par ricochet mais qu'il en est le seul inventeur. Sylvie Genevoix s'étant livrée à une investigation malicieuse, a découvert que ce terme de « Dame aux camélias » a d'abord été utilisé par George Sand dans un roman assez peu connu, *Isidora*, écrit dès 1845 ! Marie Duplessis vivait encore.

Afin de mieux comprendre, rappelons la controverse entre Dumas père et une lectrice de son journal *Le Mousquetaire*, qui signe Célimène puis Philinte :

« À Monsieur Alexandre Dumas

Maître,

Vous persistez à soutenir, en dépit de Célimène, que " Camélia " prend deux l. Comment se fait-il alors que votre fils ne lui en accorde qu'une, et que l'affiche du Vaudeville l'a deux cents fois orthographié de cette façon, sans donner lieu à la moindre observation critique ?

Pardonnez, Maître, cette légère remarque, et honorez-la d'un mot de réponse, si vous l'en trouvez digne.

Philinte. »

Dumas répond :

« Cela prouve, Monsieur Philinte, que mon fils a du talent sans avoir de l'orthographe.

Il y a des fils comme cela : c'est parfois la faute du père.

Alceste. »

« À Monsieur Alexandre Dumas

Paris, ce 3 novembre 1854.

Alceste a raison, Monsieur, comme toujours, Camélia est un barbarisme. Un membre de cet ordre[1] qui se trouve partout lorsqu'il s'agit de belles et de bonnes choses, nous a dotés de cette noble fleur.

Le R.P Camélli a donné le camellia à l'Europe.

Un l de moins, un accent de trop, et César n'avait pas ce qui appartient à César.

Veuillez agréer, Monsieur, l'expression de mes sentiments les plus distingués.

Célimène. »

Et voici la bonne raison de Dumas fils justifiant sa « faute » :

« Ce n'est pas pour protester contre l'étymologie du mot camellia que j'écris ce mot avec une seule l, c'est parce que je croyais qu'on l'écrivait ainsi jadis ; et si je m'en tiens à cette orthographe, malgré les critiques des érudits, c'est que Madame Sand écrivant ce mot comme moi, j'aime mieux mal écrire avec elle que bien écrire avec d'autres. »

Le roman de Sand étant antérieur de trois ans à celui de Dumas fils, il inverse évidemment les données : ce n'est pas elle qui écrit le mot « camélia » comme lui, mais bien lui qui l'écrit comme elle. Et cependant, dans l'épaisse correspondance échangée entre Sand et Dumas, on ne trouve aucune mention du roman... L'héroïne au double visage, tantôt pure sous le nom de Julie, cultive dans sa serre de nombreux camélias, et tantôt impure, sous le nom d'Isidora, reproche à son amant son penchant pour la première : « Je vois bien que tu es amoureux

1. L'ordre des Jésuites.

de la dame aux camélias. Il n'y a pas de mal à cela et je ne trouverais pas mauvais qu'elle te payât de retour. »

Dumas, admirateur et ami de Sand, a pu lui emprunter l'expression dont il a fait son titre. Au reste, l'auteur d'*Isidora* n'aurait-elle pas rencontré, elle aussi, Marie Duplessis ?

Cet avant-propos sibyllin lors de la réédition de son ouvrage en 1853 pourrait le laisser soupçonner :

« À Paris 1845. C'était une très belle personne extraordinairement intelligente et qui vint plusieurs fois verser son cœur à mes pieds, disait-elle. Je vis parfaitement qu'elle posait devant moi et ne pensait pas un mot de ce qu'elle disait la plupart du temps. »

Comment ne pas évoquer Marie parlant du mensonge qui blanchit les dents ? Et Sand de conclure :

« Elle eût pu être ce qu'elle n'était pas. Aussi n'est-ce pas elle que j'ai dépeinte dans *Isidora.* »

BIBLIOGRAPHIE

ACHARD, Amédée, « Lettres parisiennes », *L'Époque*, 9 février 1847.

ALTON-SHÉE, E. d', *Mémoires du vicomte d'Aulnis 1826-1848*, Paris, Librairie internationale, 1868.

Anglais (Un) à Paris. Notes et souvenirs (par Albert Vandam), trad. de l'anglais par J. Hercé, t. I : *1835-1848* ; t. II : *1848-1871*, Paris, Plon, 1893-1894.

Annuaire de la noblesse de France, fondé en 1843 par Borel d'Hauterive, Paris, bureau de la Revue historique.

ARAGO, Jacques, *Foyers et coulisses*, Paris, chez l'auteur, 1852.

ARNAUD, Étienne, *Répertoire des généalogies françaises imprimées*, Paris, Berger-Levrault, 1986, 3 vol.

ASSELINE, Alfred, *Les Fêtes de l'inauguration du chemin de fer du Nord*, Paris, Librairie A. Leclère, 1846.

BALZAC, Honoré de, « Complaintes satiriques sur les mœurs du temps présent », *La Mode*, 1830.

—, *Splendeurs et misères des courtisanes*, Paris, Bibliothèque de la Pléiade.

—, *Lettres à Madame Hanska*, Paris, Bibliothèque de la Pléiade.

BARBEY D'AUREVILLY, Jules, *Du dandysme et de George Brummell*, Paris, 1845.

BASSANVILLE, Anaïs Lebrun, comtesse de, *Les Salons d'autrefois*, Paris, Brunet, 1862-1866, 4 vol.

BAUDELAIRE, Charles, *Les Fleurs du mal*, Paris, Bibliothèque de la Pléiade.

BEAUVOIR, Édouard Roger de Bully, dit Roger de, *Les Meilleurs Fruits de mon panier,* Paris, Michel Lévy, 1862.
—, *L'Opéra,* Paris, Havard, 1854.
—, *Profils et charges à la plume. Les soupeurs de mon temps,* préface d'Alexandre Dumas, Paris, A. Faure, 1868.
BLUM, André et CHASSÉ, Charles, *Histoire du costume. Les modes au XIXe siècle,* Paris, Hachette, 1931.
BOIS, Jules, « Huit lettres de Marie Duplessis », *La Revue encyclopédique,* 15 février 1856.
BONAVENTURA, A., *Verdi,* Paris, F. Alcan, 1923.
BONNET, A., *Manuel de l'employé de l'octroi,* Paris, A. Bonnet libraire, 1850-1851, 2 vol.
BOULENGER, Jacques, Paris, Ollendorff, 1907.
BRIFFAULT, Eugène, « L'Opéra », *Le Livre des Cent et un,* Paris, Ladvocat, 1834, t. XV, pp. 365-428.
CABANES Dr., « Les médecins de la Dame aux camélias », Paris, *La Revue des alcaloïdes,* 1925.
CASTELLANE, Esprit, Victor, Elisabeth, Boniface, maréchal comte de, *Journal du maréchal de Castellane, 1804-1862,* publié par la comtesse de Beaulaincourt née Castellane et P. Le Brethon, Paris, Plon et Nourrit, 1895-1897, 5 vol.
CLAUDIN, Gustave, *Mes souvenirs. Les boulevards de 1840 à 1870,* Paris, Calmann-Lévy, 1884.
CONTADES, comte Gérard de, *Portraits et fantaisies,* Paris, Maison Quantin, 1887.
CZAPSKA, Maria, *Une famille d'Europe centrale : 1772-1914,* adapté du polonais par A. M. Bohomolec et l'auteur, préface de Philippe Ariès, Paris, Plon, 1972, coll. « Civilisations et mentalités ».
DEBOFLE, Pierre, « Théâtre et société à Paris sous la Restauration », *Bulletin de la Société de l'histoire de Paris et de l'Île-de-France (1974-1975),* 1976, pp. 213-240.
DELBOURG-DELPHIS, Marylène, *Le Dandysme et son histoire,* Paris, Hachette, 1985.
DELVAU, Alfred, *Histoire anecdotique des cafés et cabarets de Paris,* Paris, E. Dentu, 1862.
« De Paris à Bruxelles » (article signé L.W.), *Le Siècle,* n° 202, 16 juin 1846.

Dictionnaire historique et biographique de la Suisse, Neuchâtel, Administration du dictionnaire historique et biographique de la Suisse, 1921-1934, 8 vol.
DINO, duchesse de, puis duchesse de Talleyrand et Sagan, *Chronologie de 1831 à 1862,* publiée par la princesse Radziwill, née Castellane, Paris, Plon, 1909, 4 vol.
DOLPH, Charles A., *The Real « Lady of the Camellias » and Other Women of Quality,* Londres, T. Werner Laurie, 1927.
DU CAMP, Maxime, *Souvenirs littéraires.*
DUMAS, Alexandre, fils, *Théâtre complet* avec préfaces inédites, Paris, Calmann-Lévy, 1884, coll. « Bibliothèque contemporaine », t. I.
—, *La Dame aux camélias,* Paris, Calmann-Lévy, 1884.
DYSSORD, Jacques, *La Vie amoureuse de la Dame aux camélias,* Paris, Flammarion, 1930, coll. « Leurs Amours ».
ENGERAND, F., *Les Amusements des villes d'eaux à travers les âges,* Paris, Plon, 1836.
FEUGÈRE, Édouard, *L'Octroi de Paris, Histoire et législation,* Paris-Nancy, Berger-Levrault, 1904.
FIELD, Julian Osgood, *Uncensored Recollections,* Philadelphie et Londres, J. P. Lippincott, 1924.
Les Folles Nuits. Légende du Prado, par un invalide du sentiment, Prado, place du Palais-de-Justice, 1854.
FORSTER, John, *The Life of Dickens,* Londres, J. M. Dent, 1966, 2 vol. *Galerie historique et critique au XIXe siècle* (notice sur Olympio Aguado), Paris, bureau de la Galerie historique, 1856.
GASTINEAU, Benjamin, *Le Carnaval,* Paris, G. Havard, 1855 (Paris historique, pittoresque et anecdotique, IX.)
GATTI, Carlo, *Verdi,* Paris, Éd. d'Aujourd'hui, 1977, coll. « Les Introuvables », 2 vol.
GAUBERT, Ernest, « La Littérature des bals de l'Opéra », *La Revue,* 1er avril 1914.
GAUTIER, Théophile, « La Dame aux camélias », *La Presse,* 10 février 1847.
—, *Émaux et camées,* Paris, Charpentier, 1863.
—, « Inauguration du chemin de fer du Nord », *La Presse,* 17-18 juin 1846.

GENAILLE, Jeanne, « Balzac, Nerval et Aguado », *Revue d'Histoire littéraire de la France*, juillet-septembre 1961, n° 3, pp. 389-404.
GIBERT, Lt-Cel Alcée et MASSA, Ph. de, *Historique du Jockey Club français*, Paris, Jouaust, 1893.
GIRARDIN, Delphine de, *Lettres parisiennes*, Paris, Mercure de France, 1986, 2 vol.
GONCOURT, Edmond et Jules de, *Journal*, Paris, Bibliothèque de la Pléiade.
GONTAUT, duchesse de, *Mémoires de la duchesse de Gontaut, gouvernante des enfants de France pendant la Restauration, 1773-1836*, Paris, Plon, 1891.
GRAMONT, Agénor de, duc de Guiche, puis duc de Gramont, « Lettre à M. Duquenne » (signée duc de Guiche), *La Ruche populaire*, février 1844, pp. 42-47.
GRAMONT, Elisabeth de, *Le Comte d'Orsay et Lady Blessington*, Paris, Hachette, 1955.
GRAND-CARTERET, John, « Le Bœuf gras », *La Revue encyclopédique*, février 1896.
GRAUX, Lucien, *Les Factures de la Dame aux camélias.*
GROS, Johannès, *Alexandre Dumas et Marie Duplessis*, Paris, Louis Conard, 1923.
—, *Une courtisane romantique*, Paris, Cabinet du Livre, 1929.
GRUNWALD, Constantin de, *Le duc de Gramont*, Paris, Hachette, 1950.
GSELL, *Mémoires de Madame Judith*, Paris, 1911.
GUINOT, Eugène, « La Dame aux camélias », *Le Siècle*, 27 février 1847.
—, *L'Été à Bade*, ill. Tony Johannot, Eugène Lami, Français et Daubigny, Paris, Bourdin-Hachette, 1861.
HARCOURT, Bernard d', *Lamartine, Barbey d'Aurevilly et Paul de Saint-Victor en 1848. Documents inédits*, Paris, Calmann-Lévy, 1848.
HENRIOT, Émile, *Portraits de femmes, d'Héloïse à Marie Bashkirtseff*, Paris, Plon, 1935, coll. « Les Maîtres de l'histoire ».
HILLAIRET, Jacques, *Connaissance du vieux Paris*, Paris, Club français du Livre, 1976.

—, *Dictionnaire historique des rues de Paris*, Paris, Éd. de Minuit, 1964, 2 vol.

Histoire des cafés-concerts et des cafés de Paris, Paris, Renauld, 1872.

Histoire des cafés de Paris, extraite des mémoires d'un viveur, éd. rev. et augmentée M. Constantin, Paris, Desloges, 1857.

HOUSSAYE, Arsène, *Confessions*, Paris, Dentu, 1885-1891, 6 vol.

—, *Souvenirs de jeunesse*, Paris, Flammarion, 1910.

HUART, Louis, *Physiologie de la grisette*, vignettes de Gavarni, Paris, Aubert, s. d.

HUGO, Victor, *Propos de sable*, recueillis par Richard Lesclide, Paris, Dentu, 1885.

HURÉ et KNEPPER, *Liszt et son temps*, Paris, Hachette-Pluriel, 1987. « Inauguration du chemin de fer du Nord » (signé : un pair de France), *Le Charivari*, 19 juin 1846.

ISSARTEL, Christiane, *la Dame aux camélias : de l'histoire à la légende*, Paris, Hachette, 1981.

Intermédiaire des chercheurs et des curieux (L')

1913	20 août	
1922	10 mars	col. 204-207
1933	28 février	col. 172-173
	15 mars	col. 216-217
	30 octobre	col. 797
1954	février	col. 83
1961	février	col. 167
1977	décembre	col. 1037
1978	mars	col. 243
1979	septembre	col. 799
1980	avril	col. 380
	octobre	col. 1013-1014.

JANIN, Jules, « La Dame aux camélias », *Le Journal des débats*, feuilleton, 9 février 1852.

—, Préface de *La Dame aux camélias* d'Alexandre Dumas.

—, « Chemin de fer du Nord », *Le Journal des débats*, 16 juin 1846.

JARRY, Paul, *Étudiants et grisettes romantiques,* Paris, Le Goupy éd., 1927.

JEANNERET, abbé Frédéric et BONHOTE, J.-H., *Biographie neuchâteloise,* Locle, E. Courvoisier, 1863, 2 vol.

KOWZAN, Tadeusz, « Le Mythe de la Dame aux camélias. Du mélodrame au mélodramatisme », *Revue des Sciences humaines,* juin 1976, n° 162, pp. 219-230.

LANGLADE, Jacques de, *Lady Blessington et le comte d'Orsay,* Tallandier, 1982.

LAURENT de VILLEDEUIL, Pierre Charles, *Bibliographie des chemins de fer (1771-1846),* Paris, Librairie générale, 1906.

LAVAU, A. de, *L'Octroi de Paris,* Paris, Jouve, 1904.

LEMOINE, Bertrand, *Les Passages couverts en France,* préface de J.-P. Babelon, Paris, Délégation à l'action artistique de la ville de Paris, 1989.

LE PAGE, Auguste, *Les Cafés artistiques et littéraires de Paris,* Paris, Martin-Boursin, 1882.

LHOMER, Jean, *Le Banquier Perrégaux et sa fille la duchesse de Raguse,* Paris, Lahure, 1905.

LISZT, Franz, *Correspondance de F. Liszt et de la comtesse d'Agoult 1833-1840,* publiée par Daniel Ollivier, Paris, Grasset, 1933-1934, 2 vol.

LOVIOT, Louis, *Alice Ozy,* Paris, Les Bibliophiles fantaisistes, Dorbon Aîné, 1910.

LUCHET, Auguste (pseudonyme du baron de Pourcelt), *Paris. Esquisses dédiées au peuple parisien et à M. J.-A. Dulaure,* Paris, J. Barbezat, 1830.

LUMIÈRE, Henry, « La Dame aux camélias. Une lettre inédite de Marie Duplessis », *La Revue normande,* 1900, pp. 41-45, 86-90.

LYONNET, Henry, *La Dame aux camélias de Dumas fils,* Paris, Société française d'Éditions littéraires, 1930.

MARCEAU, Félicien, *Balzac et son monde,* Paris, Gallimard, 1970.

MARTIN, Marietta, *Un aventurier intellectuel sous la Restauration et la Monarchie de Juillet : le Dr Koreff (1783-1851),* Paris, Champion, 1929.

MAUROIS, André, *Les Trois Dumas,* Paris, Hachette, 1957.

MAYET, Charles, *Voyage autour de l'octroi de Paris*, Paris, A. Colin, 1901.

MIRECOURT, Eugène de, *Alexandre Dumas fils*, Paris, S. Havard, 1855.

—, *Paris, la nuit*, Paris, S. Havard, 1855 (Paris historique, pittoresque et anecdotique, XI).

MOISY, H., *Dictionnaire de patois normand*, Caen, 1887, Genève, Slatkine Reprint, 1969.

MONTJOYEUX, « Une marguerite », *La Lanterne*, 3 novembre 1892.

MOREL, Elizabeth, *Histoire secrète de la Dame aux camélias*, Paris, Le Club de la Femme, 1957.

MORGAN, Sydney Owensen, Lady Thomas Charles, *La France en 1829-1830*, trad. de l'anglais A. Soliry, Paris, H. Fournier, 1830, 2 vol.

MUHLSTEIN, Anka, *James Rothschild (1790-1868), une métamorphose, une légende*, Paris, Gallimard, 1981.

NATTA, Marie-Christine, *La Grandeur sans convictions*, Éd. du Félin, 1991.

PARIGOT, Hippolyte (anagramme de Garpoit), *Le Drame d'Alexandre Dumas, étude dramatique, sociale et littéraire*, Paris, C.-Lévy, 1899.

—, *Paris au XIXe siècle. Recueil de scènes de la vie parisienne*, dessinées par Victor Adam, Gavarni, Daumier, Bouchot... Texte d'Albéric Segond, Burat de Gurgyn, Jaime..., Paris, Beauger, 1839.

Passages et galeries au XIXe siècle, photographies de Robert Doisneau, texte de Bernard Delvaille, Paris, A. C. E., 1981.

PERROT, Philippe, *Les Dessus et les dessous de la bourgeoisie. Une histoire du vêtement au XIXe siècle*, Paris, Fayard, 1981.

PETIT, Pierre, *Verdi*, Paris, Seuil, 1958, coll. « Solfèges ».

PLANCY, G. de, *Le Marquisat de Plancy et ses seigneurs*, Arcis-sur-Aube, 1895.

—, *Souvenirs et indiscrétions d'un disparu (1815-1891)*, Paris, Ollendorff, 1891.

PRASTEAU, Jean, *C'était la Dame aux camélias*, Paris, Librairie académique Perrin, 1963.

PRIVAT d'ANGLEMONT, Alexandre, *La Closerie des Lilas, quadrille en prose*, Paris, J. Frey, 1848.

—, *Voyage à travers Paris,* Paris, Paulier, 1846, t. I : *Le Prado.*

« Quelques documents inédits sur la Dame aux camélias », *L'Amateur d'autographes,* 1910, pp. 314-344.

RAT, Maurice, *La Dame aux camélias,* Paris, Del Duca, 1958, coll. « Les Femmes célèbres ».

Relation fidèle du voyage de Charles X, son départ de Saint-Cloud jusqu'à son embarquement, par un garde du corps (par Joseph Jacques Naylies, d'après Barbier ; attribué par erreur à Théodore Anne), Paris, Dentu, 1890.

RICHARDSON, Jeanne, *Les Courtisanes. Le demi-monde au XIXe siècle,* Paris, Stock, 1968.

ROBICHEZ, Jacques, « La Dame aux camélias », *Revue des sciences humaines,* octobre-décembre 1961, pp. 477-487.

ROCHEGUDE, Félix, marquis de, *Les Rues de Paris. Promenades du Mis de Rochegude à travers tous les arrondissements de Paris,* parcourus de nouveau par Jean-Paul Clébert, Paris, Club des Librairies de France, 1958, t. I : *Rive gauche* ; t. II : *Rive droite.*

ROQUEPLAN, Nestor, *Nouvelles à la main,* Paris, rue d'Enghien, 1840-1844, 9 vol.

ROY, Joseph Antoine, *Histoire du Jockey Club de Paris,* Paris, M. Rivière, 1958.

SAINT-LAURENT, Cécil (pseudonyme de Jacques Laurent), *Histoire imprévue des dessous féminins,* Paris, Herscher, 1986.

SAINT-VICTOR, Paul de, « La Dame aux camélias », *La Revue dramatique,* 3 février 1852, et *Le Pays,* 9 février 1852.

SAND, George, *Correspondance,* éd. Georges Lubin, Paris, Garnier, 1964, t. XXV, 1991.

—, *Isidora,* Éd. des Femmes, 1990.

SCARAFFIA, Giuseppe, *Petit Dictionnaire du dandy,* Paris, Éd. Sand, 1988.

SECOND, Albéric, *Les Petits Mystères de l'Opéra,* Paris, Kugelmann-Bernard Latte, 1844.

SOREAU, Georges, « La Vie de la Dame aux camélias », *La Revue de France,* 1898, pp. 1428-1439.

STENDHAL, *Souvenirs d'égotisme,* Paris, Bibliothèque de la Pléiade,

SZRAMKIEWICZ, Romuald, *Les Régents et censeurs de la Banque de France nommés sous le Consulat et l'Empire,* Genève, Droz, 1974.
TISSOT, Amédée, *Paris et Londres comparés,* Paris, Ducollet, 1830.
VALEYNSELS, Joseph, *Les Maréchaux de Napoléon III,* Paris, 1980.
VAUDOYER, J.-L., *Alice Ozy ou l'Aspasie moderne,* Paris, Trémois, 1930, coll. « La Galerie des grandes courtisanes ».
VENTO, Claude, *Les Peintres de la femme,* Paris, Dentu, 1888.
VERDI, Giuseppe, *Letters,* éd. Charles Osborne, Londres, Gollancz, 1971.
VÉRON, Louis Désiré, *Mémoire sur l'affaire du Constitutionnel sur la transaction Mirès. Mes relations avec la famille Aguado,* Paris, Paul Dupont, 1853.
VIEL, CASTEL, *Mémoires du comte Horace de Viel Castel,* 1883.
VIENNE, Romain, *La Vérité sur la Dame aux camélias (Marie Duplessis),* Paris, Ollendorff, 1888.
VIGNY, Alfred de, *Lettres à la comtesse Duplessis,* in *Correspondance,* éd. Emma Sakellaridès, Paris, Calmann-Lévy, 1905.
VILLEMESSANT, H. de, *Mémoires d'un journaliste,* Paris, Dentu, 1867-1878, 6 vol.
WARREN, Raoul de, *Grand Armorial de France,* Paris-Nancy, Berger-Levrault, 1975, t. V (t. I-IV par Henri Jougla de Morenas, Éd. Héraldiques).
WEAVER, William, éd., *Verdi d'après les documents d'époque,* Tours, Éd. Van de Velde, 1978.
WEIL, Cdt M.-H., *Les Dessous du Congrès de Vienne,* Paris, Payot, 1917, 2 vol.
WISSANT, Georges de, *Cafés et cabarets,* Paris, Tallandier, 1928.
WOHL, Janka, *Souvenirs d'une compatriote,* Paris, Ollendorff, 1887.

REMERCIEMENTS

Qu'il me soit permis de dire ici ma gratitude à ceux et à celles qui avant moi ont tenté de percer le mystère Marie Duplessis et qui comme moi, se prenant à ses charmes, ont apporté leur pierre au modeste édifice que je me suis efforcée de bâtir :

Marie-Françoise de Bonnières, conservateur de la bibliothèque de l'École des Langues orientales
Marie Boudet
Jean-Marie Choulet, conservateur du musée de Gacé
Annie Cirée
Benedetta Craveri
Jean Darnel
Sylvie Genevoix
Hélène Bocard
Noëlle Guibert, conservateur de la Comédie-Française
Christiane Issartel
Françoise Maison, conservateur du musée de Compiègne
Eugénie Mariette
Bernard Minoret
Yette Mussat
Christiane Neave
Michel Edmond Richard
La baronne Élie de Rothschild

TABLE

DU MÊME AUTEUR

Aux Éditions Albin Michel

LA BALADEUSE, 1979

UN JEUNE HOMME ROUX, 1980

MARGUERITE 1925, 1982

Chez d'autres éditeurs

AMI, AMANT
Plon, 1984

MADEMOISELLE MARS : L'INIMITABLE
Perrin, 1987

LE ROMAN D'UN SOUFFLEUR
Plon, 1988

JULIE TALMA : L'OMBRE HEUREUSE
Laffont, 1989

CRÉDITS PHOTOGRAPHIQUES

p. 1 Miniature anonyme. Coll. Éd. Pasteur, Comédie française.
p. 2 Coll. part.
Coll. part.
Colporteur en Normandie, lithographie de Grenier, 1830. Photo Roger-Viollet.
p. 3 Coll. part.
Lithographie de Daumier. B.N. Photo Harlingue-Viollet.
p. 4 Coll. part.
Peinture d'Alfred d'Orsay. Coll. part. Photo Christiane Issartel.
Bibliothèque de l'Opéra.
Bibliothèque de l'Opéra.
p. 6 Coll. part. Photo Christiane Issartel.
p. 7 Lithographie de Tony Johannot.
B.N. Photo Hachette.
Photo Hachette.
p. 8 Aquarelle d'Olivier. Coll. part.
Bibliothèque de l'Opéra.
B.N. Estampes.
p. 9 Coll. part. Photo J. C. Pierday/S.F.P.
p. 10 Annuaire des Beaux-Arts, 1845. Coll. part.
Coll. part.
p. 11 Coll. part.
Portrait par Vincent Vidal, B.N.
Gravure de Lynch pour « le Livre ».
Coll. part.
p. 12 *Le Congrès de Vienne* par Isabey. Musée du Louvre. Photo Lauros-Giraudon.
Les Boulevards de Paris, 1835. Coll. part.
p. 13 Coll. part.
Coll. part.
p. 14 Peinture d'Eugène Lamy, Bibliothèque de l'Opéra.
Coll. part.
p. 15 Coll. Mussat, Photo Michel Gallé.
Musée de Compiègne.
p. 16 Doc. Micheline Boudet.
p. 17 Coll. part.
p. 18 Gravure de Viset. Coll. part.
p. 19 Coll. part.
Coll. part.
Dessin à la plume par le comte d'Orsay en 1845. Coll. part.
p. 20 Coll. part.

La composition de cet ouvrage
a été réalisée par l'Imprimerie BUSSIÈRE,
l'impression et le brochage ont été effectués
sur presse CAMERON dans les ateliers de B.C.A.,
à Saint-Amand-Montrond (Cher),
pour le compte des Éditions Albin Michel.

Achevé d'imprimer en août 1993.
N° d'édition : 12881. N° d'impression : 1068-93/230.
Dépôt légal : septembre 1993.